單身生活，不是學會堅強就好——

Miss Anita
御姊愛——著

CONTENTS

自序

先前出完幾本情感類的書籍之後，我停筆一陣子讓自己沉澱一下，不知不覺就忙碌了兩年。這段時間，我從一個誤打誤撞進入出版社的新手作家，開始接到許多電視、廣播、網路節目的邀約，成為《皇冠雜誌》與國際時尚雜誌的專欄作家，也當過節目主持人，接了幾個國際品牌的代言。日子過得飛快，還記得當年出第一本書，分享從人生勝利組摔落凡間，因離婚而愁雲慘霧學習放手的我，確實也有了另一番新生。

出版業大環境不如以往，寫作這件事既遠且近，近的是我自己有固定的專欄，時不時也在臉書上分享近況瑣事，對於長期追蹤者來說，他們並不難知道我的生活近況；遠的是，以現在的書市來說，出版絕對稱不上是收入豐沛的項目，若沒有新的想法，只是不斷自己複製自己，對我來說其實毫無吸引力。就在此時，我接到平安文化總編輯槵甄的來信，她說：「我很想知道，妳年紀不算大，卻遇過很多生命中的波折，如此勇敢，是如何辦到的？」

總編輯的來信讓我愣了一會。確實，以同年齡的人來說，從小我雖不至於過得吃土，但顛沛流離卻是有時；雖不是公主，但受到霸凌或惡意排擠也是有的；雖不是小天真，但感情路上遇到壞騙子和離婚也經歷過；雖不是社會上普遍認為的弱者，但內心時常感到自己不夠強壯也是真的。說穿了，我就是現在正在閱讀這本書的輕熟的你們。我們看起來很平凡，但卻真真實實地踏在每一天的路上，守護自己繼續堅強。儘管我們每個人歷練得不太一樣，或許遇到的人事物有些不同，但我們期待掙開綁縛於自己身上的枷鎖，想要開創屬於自己的生活，這種強烈的信念卻是完全一樣的。

那麼，我該如何著手這本試圖為你們解開束縛、得到勇氣的書呢？

或許，我可以摸摸你們的頭，告訴大家「沒事的，一切都會好的」，也或許我可以用最負能量的語氣，告訴你「都是別人的錯」。是的，我明白，面對不如意的世事，最簡單的方式往往是情緒宣洩，發洩過了，好像雲淡風輕，但其實一切從來沒有改變過。但是很抱歉，當我回頭看自己如何面對生命中的一些枷鎖難關，以及反省我如何在面對難關時為自己開創一條新的路時，我只想告訴你：「理性面對、全盤關照、勇於選擇、擬訂策略，不要把自己此時此刻的難關放太大」是唯一的路。

「不要把自己的難關放太大」的意思並不是要你自怨自艾，覺得自己像個小螺絲釘，感覺對世事沒有置喙

的空間，而是要懷抱著希望，如果這些發生在我身上的挑戰都不是史上第一次，那麼我們有什麼理由成為不動就戰敗的兵？

任何一場無望的戰役都有可能成功，因為不同的時刻、不同的環境、相異的人事物往往能產生截然不同的火花，唯有在戰場上的執行者才能決定應對策略與最終的成敗。而人生哪裡不可能會是戰場呢？與家人的相處、婆媳過招、職場同儕相鬥、情場危機四伏、健康草木皆兵……

於是本書我採取的寫法，並不是一般的散文分享，也不是輕聲細語、拍拍你的肩膀說些輕飄飄的勵志安慰之語，而是從每件我親身經歷過的挑戰梳理出一個普遍的現象，或許是社會約束、或許是心理障礙，又或者是實際難題，從不同的面向來思考這些事。或許這點比較個人層次，但說實話，當我做任何行為與決定的時候，我並不會只看眼下的難題，而會把自己所處的狀態不斷Zoom out，用高一點的視野看待這件事，了解自己可能有的空間，或不可能行動的空間，再採取下一步的應對策略。

誠實面對自己所處的狀況、所站的位置、判斷自己的資源籌碼，是面對挑戰極其重要的事。

這麼說來，似乎很像一具沙盤推演的機器人？或許吧！但是當如此面對挑戰的思維邏輯成了一種習慣，人生便會減少很多時間陷入無所適從的悲嘆。我們總是在職場上寫著各式各樣的企劃書、規劃、報告書，卻鮮少理性面對自己的人生，不是嗎？

朋友有時會打趣笑我，覺得我的生命力像隻蟑螂，「每次都覺得妳快要被打倒了，但是妳卻能活得更美更好。」我想，除了簡單說個性決定命運之外，不如說，我們可以學習換一種思考難題的方式。

先說在前頭，這本書並不是很「溫暖」，但有時暖言暖語不見得有用，你需要的是視角的轉換與力量的啟發。也願你在每次的挑戰裡，逐漸建立自己獨一無二的一套生活應對哲學。

御姊愛

令人不安的美貌

妳是不是不容易真心喜歡身邊那個長得特別出眾的女孩？但如果讓妳選，妳其實也想跟她一樣舉手投足之間充滿魅力。當她們抱怨美女也有美女的困擾時，妳從來不覺得那是什麼真正的問題，事實上，妳不知道，美貌真是一件令人不安的事……

一位女生朋友傳了訊息來，「妳有沒有認識醫美診所的醫生？」「有啊，妳要去嗎？」我問。

「嗯。」收到她的訊息其實讓我十分驚訝，因為朋友之中，她總是最不屑整容的那個，不時以「複製人」、「膠臉人」這類詞彙來諷刺其他疑似做了醫美的女孩。「我以為妳很排斥醫美……」我說。

「年紀大了，要朝美魔女邁進，不然要被淘汰了……可是我只是減齡喔，跟那些東區妹仔變臉還是不一樣！」朋友再三強調，區隔自我與他人的用意非常明顯。

單身生活，
不是學會堅強
就好

想要卻不敢承認的美貌迷思

承認吧，妳就像白雪公主的後母那般渴望美貌，尤其當全世界都逐漸靠後天的技法變成白雪公主們的時候，那份惴惴不安更是隱藏在妳的胸口。但是多數的人只敢把這樣的心願默默埋藏在心中，但親愛的，讓我們看一份產業報告數字，妳就知道其實妳並不是少數。

根據一份針對中國醫美市場的研究調查報告顯示，近年來中國的醫美個案以每年百分之二十點一的年複合增長率快速起飛，從二〇一三年到二〇一八年，推估醫美手術的個案會從三百六十萬例增加到七百五十萬例，醫美收益則可能達到九十一億美元。台灣的醫美服務業起飛較早，許多醫生紛紛跨領域從事醫美產業，幾年內醫美從藍海變成一片紅海，醫生們轉而向更多需求的大陸市場發展。

明明是個熱錢滾滾的產業，但放眼周遭，樂於坦承自己做過醫美手術的人卻是少數，彷彿那些從山根就隆起的完美鼻型、一夕之間放大的電眼、胸部從平地變高樓的奇蹟、突然明顯趨緩的法令紋都只靠運動、針灸或保養就可以得到。

儘管不是全部的人，對自己的美貌感到在意與不安的女性並不是少數，這些女性一方面覺得花許多金錢、時間、依靠外力來追求外在是一件極其膚淺的事，另一方面卻又期待自己能變得更美，若能獲取一些美貌紅利也不錯。

人們比較不會羞於承認自己拚命上健身房鍛鍊體態，因為那與持續不懈的運動和努力有關，在價值判斷上取得了人定勝天的高點；但卻常遇到許多人對醫美或修圖感到莫名羞恥，不敢主動承認，彷彿運用外力讓自己變漂亮像是作弊的行為。

那麼你說，天生漂亮的女孩是否就能抬頭挺胸了呢？

其實也不然，許多長得特別出眾的女性，終其一生都在試圖證明自己的成就不是靠美貌所致，擁有美貌與聰穎的高材生演員娜塔莉・波曼在一場演講裡，就曾經自白，當初她剛獲准進入哈佛唸書的時候就遇過自我懷疑期，「那時我覺得我只是靠名氣進入哈佛的。」

外貌出眾的女人必須抵禦周遭的人總認為她們是因為長得比較討喜，所以有所成就的閒言閒語，並且要比長相平凡的其他同儕更加努力，美貌宛如一種原罪，時時刻刻提醒著她們自己是既得利益者，沒有這樣的幸運，她們很可能什麼都不是。許多漂亮的人無可避免會落入自我懷疑的陷阱裡，懷疑自己真正的能力。

魅力是一種資本，從會議室到臥室都需要

某天看著電視節目，聽到一位女性作家前輩慨嘆說：「沒辦法，我出道比較晚，沒有辦法像年輕女孩在螢幕前給人比較賞心悅目的感受……」事實上說話的前輩不只相貌相當出眾，學識與專業也精采過人，然而當女性身處在眼球環伺的職場裡，儘管擁有再豐富的學經歷，仍然鮮少能擺脫與他人進行外貌的微妙較量，無止境地凝視與自我觀看，似乎是視覺化社會無可迴避的集體儀式。

《華爾街日報》曾經分析，長得美、長得帥的人在職場裡存在著百分之十到二十的「美貌溢價」，也就是雇主願意多花一些錢給外貌比較討喜的員工，或是長得好的人更容易得到某些職位或升遷，特別是那些需要跟客戶接觸的工作，尤為明顯。

不過美貌只是魅力的一部分而已，一個人要能吸引另一個人，除了長相以外，包括身材的曲線和比例、舉手投足的樣子、是否有個人的品味Style、散

發的氣質、思想、社交技巧、幽默感等都會影響個人魅力的展現。

如果你想找個人來了解一下個人魅力的重要，那麼建議你可以去問一下約翰・麥坎。二〇〇八年的美國總統選舉，代表共和黨角逐總統大選的約翰・麥坎可以說是個人魅力的受災戶，他對上的競爭者是巴拉克・歐巴馬，歐巴馬被喻為是繼邱吉爾、甘迺迪、雷根之後，最能激勵群眾的領袖，演講更是歐巴馬的強項，無論國籍、種族、性別，人們總是被歐巴馬演講時從容的自信、友善卻堅毅的眼神以及恰到好處的幽默感深深吸引，當歐巴馬喊出「Yes, we can」口號的時候，民眾幾乎覺得世界真的就在自己手上，瘋狂不已。

選舉的落敗難道是因為約翰・麥坎很差勁嗎？噢，別傻了，能夠代表美國兩大政黨之一角逐總統大位者，都不可能是泛泛之輩，然而個人魅力卻是極其殘忍的存在，有就有，沒有就沒有，那就像是一個演員的美醜往往只是門檻卻不是最關鍵，好萊塢女星貌美者何其多，但是否有觀眾緣（演員的魅力展現）可就差得遠了。

倫敦政治經濟學院社會系教授凱薩琳．哈金提出人類第四種重要資本：「性感資本（Erotic Capital）」，她指出，性感資本是一種被低估的個人條件，然而性感資本卻又確確實實地影響每個人在社會上的互動，舉凡人際關係、談戀愛、職場求職、升遷……無一不與性感資本有所關連。

過往社會學家曾提出人們在社會上的一切活動主要透過經濟資本（財富收入的高低）、社會資本（人脈與社會資源的掌握）與文化資本（知識品味的底蘊）有關，然而這幾點多半與每個人的社會背景仍然密不可分，天生含金湯匙出生的人，不用說，必然擁有較高的經濟資本優勢，也可能靠著富爸爸或厲害的爺爺、叔公而得到旁人得不到的人脈網絡；擁有經濟資本之後，也許更容易飄洋喝洋墨水或進入長春藤名校，從而得到更高的文化資本。

然而性感資本可就不一定了，性感資本是長相、魅力、社交手腕（甚至性能力技巧）的集合體，長相本來就未必與家底是否豐沛有關，於是，許多女人和男人可能靠著擁有迷人的外貌魅力逐步上位，又或是透過性感資本直

單身生活，
不是學會堅強
就好——

接開創商業價值（例如娛樂產業），或直接用性感資本交換經濟資本（包養、經濟不對等的老少配）。

凱薩琳・哈金教授在書中指出[1]：

> 魅力的最大報酬來自民間私人企業及職場加薪，有魅力的律師畢業十五年後，年薪多一萬零兩百美元……且提早在事務所中升任合夥人的機率高了百分之二十。……然而當公司在評估管理者的適任性時，資格優異且擁有魅力的男性，比資格優異且擁有魅力的女性更加容易取得好的成績，相反地，資格優異而「沒有」魅力的女性，反而較容易被認可爲是好的管理者，這是因爲社會一般認爲管理者一直需要比較陽剛的人來擔任所致。

部分女性主義者十分介意女性以性感資本作為在社會上打滾的主力資本，她們鄙棄芭比娃娃式的第一夫人，討厭娛樂產業的女模女星總是將自己納入傳統女性陰柔刻板印象的框架，不齒女性靠著性感資本達到一切的榮華富貴，可是換個角度想，當一個女性並不擁有雄厚的經濟收入、文化涵養與人脈，除了借力使力運用性感資本，幾乎無可為之。

為什麼都曾是知名模特兒的梅拉尼雅．川普、前法國總統夫人布拉卡妮就不能高歌張揚性感資本賦予她的榮華？而川普的企業家女兒伊凡娜．川普、前律師蜜雪兒．歐巴馬，甚至前高中老師法國總統夫人布莉姬特．瑪莉相對能夠受到民眾的肯定？這當中牽涉的是整個社會並不把美貌展示當作一種正當、專業且重要的工作，更精確地說，我們沒有人不知道美貌重要，也知道魅力將有助於人們一飛沖天，但在女性身上我們莫名加諸更重的期待，我們希望女性既美且「專業」，而且是朝社會認可的那種專業方向來評價。

同時，也因為我們本身就處在這樣的環境下，對社會賦予女性「**必須有魅力**」且「**具有符合社會認同的專業能力**」雙重嚴苛的標準再熟悉不過，所以活得更加沉重，對美貌的追求更強烈，但同時也更顯不安。

1. 凱薩琳．哈金，《姿本力：從會議室到臥室都適用的強大力量》，財信出版。

IG與直播女孩的世界：當我知道我的漂亮很值錢……

「欸，記得幫我修圖喔，臉修小一點啦。」那天我坐在咖啡店裡工作，看著一個女孩正對著另一個拿著手機（大概是助理）的女孩這麼說。「這張要修美一點，業配要用的，但是要自然一點，不要修到像那個什麼女星連後面水泥牆線都修歪了，不會修的話我自己來……」

女孩說的業配產品，看起來是手上的銀飾戒指，戒指套在她做了淡雅水晶指甲的中指上，輕輕地勾著咖啡杯的耳，那張照片的成品圖，我想可能是一個優雅的女孩，在白色與玻璃基調唯美夢幻的咖啡店裡，悠哉地啜飲著咖啡，不經意（但當然是刻意的）露出戒指，一個象徵質感女人、優雅生活與魅力飾品相輔相成的照片，然後Hashtag一個廠商的名稱。

當我們在討論女性對美貌的追求時，當然不能把女性所處的社會環境或媒體影響拋諸於後，放眼望去，類似像Instagram、美拍、美圖這類社群媒體的大行其道，我們動不動可以上個濾鏡、修個胖瘦腰線、素顏也能自動套版上妝，當人們看似主動使用這些平台和App的時候，這些平台與App其實也正在反向實實在在改變了一個世代女人對美貌的追求方式與態度，甚至於整個社會也可能以不同方式利用了這些美貌。

純視覺化取勝的社交平台Instagram製造了許多美貌名人，例如被譽為世界第一網紅的義大利模特兒Chiara Ferragni，因為太紅，一人居然創造出超過三億台幣規模的市場，被哈佛商學院選入網紅個案研究範例。Chiara並不是名門出身，也沒有時尚家底，可是靠著Instagram迅速累積全球知名度，以低成本高收益的驚人吸金方式輔以旋風式開創個人品牌與時尚設計副業，以素人變明星之姿上遍全球數百時尚雜誌封面，這樣的傳奇並不會出現在十年前，也難以仿效於十年後，恰恰是當代網路視覺化和她個人特質聯合締造出的奇蹟。

這種時代趨勢與個人技能的完美結合，乃至創造一時的神話，與當初同時出生於一九五五年的賈伯斯、比爾・蓋茲剛好誕生於電腦發軔之時的契機沒什麼不同，固然賈伯斯與比爾・蓋茲本身都是無需質疑、深受世人讚譽的電腦奇才，但倘若他們不是出生於一九五五年，或許現今的電腦史將有另一個版本的故事，但或許也不會，時代的浪潮未必會等候誰，這時常是個雞跟蛋的問題，我們無法確知是時代選擇了英雄，還是英雄創造了時代，唯一可知的是，無論在哪一種時代浪頭，唯有能掌握時機點，才是把一手牌打成好牌的因素。

或許台灣Instagram名人的商業效能暫時不如海外廣大，不過兩岸三地近年吹起的直播風，卻是另一種讓美貌變現金的做法。二〇一六年中國大陸的直播市場創下兩千九百億新台幣的產值，台灣也出現月收入衝破百萬元的當紅直播主。

我曾經幫雜誌採訪台灣當紅直播平台上的直播主女孩們，年齡平均在三十歲以下的她們原本多半是平面模特兒或展場的Show girl，多了直播平台之後，她們一開始不過是想拉近跟網友粉絲的互動距離，隨後發現直播平台可以幫她們多賺點零用錢，靠著觀眾「打賞」「丟禮物」的方式，跟平台分潤，有時甚至能夠賺取比本業小模每月三、五萬元更好的報酬。

「我其實不知道怎麼樣會讓人更願意打賞我，反正他們叫我素顏我就素顏，叫我唱歌我就唱歌，我只要陪在那邊他們就很開心了。」一位二十四歲的年輕直播主在採訪時這麼說。直播主的美貌與吸引力是這場「陪伴經濟」（或說寂寞經濟）最重要的養分，靠著粉絲對直播主個人魅力的向心力，許多人願意掏腰包貢獻數萬、數十萬元的金錢，宛如古代對名伶戲子與名妓打賞的現代版，然而現下這些直播主女孩甚至不用賣身也不一定需要才藝，掌握聊天與如何激勵人們打賞的話術策略便能月入斗金。

「我不太確定這行可以做多久，也許以後想做個生意什麼的，還不確定。」一位月收入估計至少破百萬已達半年之久的女主播這麼說。

可以想見，當我們看著Chiara或直播女孩們這類成功以美貌換現金的傳奇故事時，或許內心難免懷疑，這樣的美貌風潮能持續多久？「Chiara能夠做多久？」「靠美貌能做一輩子嗎？人總有老去的一天。」然而我們都忘了捫心自問，如果讓你有機會以美貌大賺幾年，不偷不搶卻能致富一時，你難道不願意嗎？

在此讓我們坦開心胸釐清一點，我們究竟是不想要性感資本，還是不知道自己該不該擁有？我們到底是畏懼社會認為我們追求性感資本是不入流的，還是我們也沒有信心該怎麼運用這樣的性感資本？

將性感資本的問題套入工業社會生產邏輯「追求持續不斷地產出」，或風險管理的邏輯，本身就是一種錯誤的思維，每一種資本本身就有獨特的資源特性，性感資本可以造成一種投資上爆量的瞬間效果，也可能可以轉化成綿延不絕的長尾效應。這當中最重要的問題，不是該不該做，而是「怎麼做」？

史上最會賺錢的王妃：性感資本先上位的策略

說一個卡達王妃的故事，號稱全球最富有的國家出了一個漂亮的女人謝赫・莫札，她的一生精采得好比連續劇《後宮・甄嬛傳》。

莫札出身尋常人家，有個好事跟卡達政府強力建議國家財產公平分配的父親，結果莫札父親很早就被國王哈利法關進監獄流放了，折騰了幾年後，沒想到國王的兒子埃米爾居然被莫札深深吸引，儘管已經結了一個政治聯姻，仍然堅持娶莫札為第二任妻子，懷抱著嫁給仇人兒子的心情，莫札面對這門王室婚禮的糾結可想而知。

隨著哈利法的年邁，以及埃米爾的羽翼日漸成熟，埃米爾發動了一場不流血的政變將老國王趕下台。原本以中東國家對女性相對保守的環境來說，王妃其實並不會成為王室的主角，可是莫札卻一一改寫自己可能的劇本。

據傳，一切故事的開端都是因為她在嫁入王室兩年後，幸運地在卡達淘到了一顆天然黑珍珠，經過國外拍賣鑑價，被估值七十萬英鎊，這消息被當時的老國王哈利法聽到之後，簡直氣傻眼，硬是上演自家人開幹自家人的戲碼，花了一百萬英鎊搶下這顆黑珍珠。而這筆費用就成了莫札的第一桶金，爾後深具商業頭腦的她便開始培育人工珍珠，從卡達大學社會系畢業後，她還成立私人投資集團擔任總裁，爾後又把投資項目擴展到國家，成立國家投資局，投資品遍及當代藝術家名畫。

莫札在搜羅世界藝術品時，曾因為花下數億鉅資而跟國王丈夫有一番爭論，當時莫札豪氣地跟丈夫說：「如果投資失敗了，我用個人戶頭賠償。」莫札隨後邀來世界級的建築設計師在卡達蓋了至少四座藝術展示中心，對於卡達的觀光業以及吸引世界各地富商巨賈，帶來不少潛在效益。

莫札甚至因為考慮天然氣油田遲早會開採完，建議以石油換美元，並以美元增加全球投資坐享收益，她四處尋找有成長潛力的實體項目例如倫敦奧運村、巴黎聖日耳曼俱樂部、義大利精品范倫鐵諾，如今就連英國經典老牌哈洛德百貨公司都屬於卡達政府持有。

你說莫札靠性感資本做了什麼？從故事上看來，她徹頭徹尾的是個商業頭腦以及夠幸運的女人。但是我們忽略了，在她淘到第一顆黑珍珠之前，運用的就是性感資本嫁入王室，她是甘心樂意的嗎？不重要。重點是，當你打算交出自己性感資本的時候，你想要換得什麼？

莫札或許是個極端的例子，當她交出性感資本之後，她開始擁有不同於以往的地位，具有強大的王室背景與人脈網絡，然而光是性感資本畢竟也不足以為繼，倘若沒有性感資本作為開場，這整齣大戲幾乎無法唱畢，更不用說隨後的幾十年，莫札必須持續妥善運用自我的性感資本作為形象號召，在實際商業投資項目上與國際媒體形象上，為自己與卡達王室雙重加分。

單身生活，
不是學會堅強
就好

性感資本是一把石中劍，記得握好再出鞘

女人意識到美貌、魅力、社交手腕可以助自己一臂之力，往往是一段學習的過程，我們往往是在受到殷勤對待的時候，才發現「噢，原來身為正妹有這種好處」、「原來職場可愛的女孩會比較受到照顧」……然而在這段過程之中，並不總是順遂，當妳不知道自己的美貌或吸引力將把自己領往哪個方向便已開始運用性感資本時，有時會遇到的徬徨將比想像中來得更大。

伊賽納．歐尼爾是澳洲一位身材姣好的女孩，才剛滿十八歲的她已經擁有將近百萬Instagram追隨粉絲、Youtube訂閱超過二十五萬用戶，貴為一線網紅，甚至因為ＩＧ經營有方，有洛杉磯的品牌請她跨海擔任模特兒工作。沒想到她在當紅之際無預警寫了一封長信，拍了一支影片，宣布自己放棄社群媒體，她的信上寫著：「我每週花五十小時回覆粉絲留言、上傳照片，經營一個不存在的自己……」歐尼爾以痛定思痛的姿態描述自己浪費了美好的

光陰去追求自我，甚至公開揭露自己的平台其實充滿大量廣告訊息，幾乎每張照片都在製造一種完美的形象，目的是讓追隨者能夠對產品產生美好的連結幻覺，最後她在社交媒體上貼了一張素顏的照片，要大家不要再相信那些矯飾過的照片，應該好好去過「真正的生活」。

至於什麼是「真正的生活」，歐尼爾並沒有多加琢磨，或許不到二十歲的她還在思索關於人生的價值與重心，還在學習在他人期待與自我追求之中取得平衡，就如同我們二十歲時那樣。但歐尼爾的公開發言仍然宛如震撼彈一般，在全世界的新聞媒體上燃燒了幾天，那是一個知名網紅對ＩＧ這種新型態社群媒體開的重砲一擊，而圈內人對圈內開的一槍總是特別發人深省。

歐尼爾的故事後來並沒有結束，兩個月後她又在自己的社群媒體上發表了要成立「Let's be game changers（讓我們當個改變遊戲的人）」網站，呼應她發表過要證明社群人生不等於現實人生的宣言，可惜許多日子過去，這個網站仍只有空白一片。

單身生活，
不是學會堅強
就好——

我們不禁懷疑，在美貌與大量凝視的過程中，歐尼爾是否只是另一個對自己的美貌還不知道該何去何從的平凡人？儘管她大聲疾呼我們該過「真正的生活」，然而生活歷練告訴我們的是，「生活」從來不會平空單軌運行，生活就建築在每個人天天必須面對的自我、他人、工作、感情、親情、友情，甚至外界凝視。

當ＩＧ或直播無可避免就是某些人的真實生活時，重要的不是否定真實生活的存在，而是想想自己該拿這種真實生活怎麼辦？

關於如何運用美貌、智慧、社交手腕、個人魅力，歷史上早已有許許多多的女人立下經典的故事，在我們當下社會也正在逐一上演。我並不認同人們試圖掩蓋自己的性感資本，或虛情假意忽視這些魅力利多、美貌溢價所帶來的助益，那只會讓我們的內在越加壓抑、更加動盪不安。

女人愛美從來沒有錯，只是我們如何駕馭美貌，如何聰明地讓美貌成為女人可用的個人資本之一，透過「策略使用」讓美貌能夠帶給人所想要的生活，無論是成為模特兒、貴婦、光鮮白領、具有吸引力或群眾魅力的專業人士、第一夫人，甚至是明星……去吧！儘管去做，去拿妳想要拿的，各憑本事。唯有要注意的是，當妳說做模特兒、直播主一段時間是為了累積資金存錢開店、陪富商吃飯是為了攢一筆留學費用以換取不同的人生風景，妳真的堅持下去做到了嗎？是的，我們不該一邊歧視他人的美貌，另一邊又懷抱著美貌降臨的期待，美貌本是一種老天爺賞賜的資本，或許會帶來另一種生活的可能，但怎麼妥善運用性感資本，則是個人的選擇了。

美貌說穿了不過就是一塊磚，踏上了不代表平步青雲，但妳起碼有了一塊磚，有機會開始蓋堵牆、造間屋，不如就心安理得地拿著上天的禮物，最重要的是，開始認真施展屬於妳人生的戲法。

單身生活，
不是學會堅強
就好

＊性感資本教會我的事＊

1.把握時間，為自己爭取更多機會。

2.不要害怕別人嫉妒你，沒有資本的人總是會嫉妒有資本的人。

3.別把手上的好牌玩成爛牌，盡快把美貌、魅力、吸引力換成具象的資源，例如更好的職涯發展、人際網絡、經濟資源、商業價值……等。

4.知道自己要用美貌得到什麼，比設法讓美貌持久更重要。

5.只有美貌而沒有策略的人，就像一口曾經產過石油的田，用光就沒了。

6.性感資本不會永久存在，特別是你越刻意單一經營這個項目，它就越容易消逝。

限制人的，
不是年齡而是自己

「唉唷，我都這年紀了。」你或你身邊的朋友時常脫口說出這句話嗎？

年齡彷彿一個撕不掉又除不去的咒語，控制著許多人，特別是女性……

如果你覺得自己已經錯失「黃金時間」，彷彿一切都來不及追上，或許可以想想主演《神力女超人》的以色列女星蓋兒・加朵（Gal Gadot）的例子。

蓋兒・加朵因為主演這部知名漫畫改編的電影一炮而紅，創下橫掃全球超過五億美金的票房紀錄，她受邀參與美國知名脫口秀節目時，對主持人吉米・法倫坦承，自己差一點就要放棄演員之路，「我一直去試鏡，每一次都是『差一點』就拿到角色了，這次我也覺得會是這樣。」

蓋兒・加朵會想放棄不是沒有原因的，因為在得到神力女超人這個角色之前，她已經「高齡」二十八歲，已婚，並且是一個女兒的媽媽。雖然稱呼二十八歲為高齡，你可能不同意，但考量蓋兒・加朵的職業其實並不誇張，畢竟在好萊塢競爭無比激烈的環境下，女人的美貌與完美身材是最不稀有的特質，無數女星非但從童星起家，往往在二十幾歲的時候已經累積無數表演經驗、廣闊影視人脈和相當的知名度，相較之下，加朵在娛樂圈幾乎沒有代表作，顯然起步太晚且毫無優勢。

如果我們從台灣一般的角度來看，一個女人在二十八歲時，擁有一個很會賺錢的老公，而且還有一個孩子，事業發展不順好像也沒什麼了不起的，頂多在家裡操持家務帶小孩，若是以人妻人母的狀態還到處試鏡，想追求當明星的夢想，恐怕會讓許多人訕笑癡人說夢，或覺得不懂事，不知道專心當媽媽才是此時的「正事」。

然而幸運的是，加朵在傳說擁有「造星魔法」的洛杉磯，當她幾乎要放棄演員這條路時，接到導演的電話，要她試鏡一個「神秘的角色」，事實上她本來對這個試鏡並沒有特別期待，在失敗這麼多次之後，她總覺得這可能又是另一個「差一點」就能成功的機會。

沒想到，她居然得到了神力女超人的角色，成了ＤＣ漫畫近年來最成功的改編電影作品主角之一。加朵的魅力橫掃全球，在一般人可能認為已經不屬於追夢年齡的三十二歲，她不只是個人妻、是個媽媽，也達成了夢想。

單身生活，
不是學會堅強
就好

沒有道理的集體年齡恐慌

亞洲人恐怕是對年齡標準最苛刻的族群，在一次全球問卷調查中，有道題目問：「你覺得幾歲算老？」歐美受訪者的認老年齡多半落在至少五十歲，多數回答七十歲以上，也有人在開放作答處回答：「我從來不覺得自己老，雖然我已經八十三歲了。」相較之下，亞洲受訪者普遍回答三十歲、四十歲就覺得老。

台灣和日本有許多男性宣稱女人超過二十五歲就是「老妹」（也就是市場上開始沒那麼搶手的女性），條件之苛刻，將女性的黃金年齡限縮在成年後的七年之內，彷彿日後的五十年人生都已是可有可無的明日黃花，而二十五歲到三十五歲之間往往是許多女人最焦慮的十年，介於「變成老妹之後」與「成為乏人問津的高齡產婦女性」之前，彷彿每天都在跟青春和婚姻市場賽跑，於是女人們莫不積極塗抹各種進口保養品或以五花八門的微整形對抗地心引力，並且奮力為自己找到一個安身立命的座標：要不是找個不錯的人選嫁了，再不就是放棄婚姻，成為職場女強人，當一朵高嶺之花。

記得我二十四歲時曾經被一位三十幾歲、頗具社會地位的男士追求過，當時我婉拒了，他只輕輕地說了一句：「祝福妳找到一個好對象，否則二十八歲妳將會大哭，覺得自己一無所成。」這位男士所表達的，不只是他個人的意見，或許也多多少少反映了一整個社會對女人逐漸邁向（輕）熟齡的不友善。關於女人的二十八歲其實還有很多鄉野傳聞，例如職場裡的前輩也曾經跟我說過，「女人若在這個年紀還沒確定好自己的職涯，這輩子註定就會這樣飄蕩了。」

這樣的恫嚇是不是很熟悉？還記得高三考大學那年，父母師長總在身邊叨唸：「妳現在不努力，以後就後悔。」對這個世界還懵懵懂懂、十八歲的我們被逼著立刻選一條璀璨的職涯道路，二十八歲對婚姻或自我還不甚了解的時候，我們同樣被推著去過某種「大家都說好」的人生。

單身生活，
不是學會堅強
就好

年紀宛如賽跑時的障礙欄，逼人一步又一步地跨過。然而世事從來就難以盤算，儘管我搶在二十八歲前結了婚，卻在三十一歲因故選擇重新回到一個人的生活。那些三十八歲之後的日子當然並不是世界末日，由於非常努力，我很幸運，現在過得比以往更充實富足。

單身生活，
不是學會堅強
就好——

懼怕年長反映的是自我停滯

事實上，「**懼怕年長」便是一種自我停滯的警訊**，若仔細思考，人們學習、經驗的累積無一不靠歲月淬煉，唯獨外在容貌可能因年長而不再細嫩；換言之，當我們對年長避之唯恐不及時，或許反映的其實是我們仍然企圖以外貌一較高下，而無法對自己的各種歷練感到自豪，又或許有些人根本停止成長，因此只能緬懷過去，如此說來，真正有問題的並不是歲月，而是那個停下成長腳步的自己。

前洛杉磯華裔市長陳愉出版過一本書，英文書名直譯為《三十歲以前別結婚》（台灣版翻譯名為：寫給姊妹們的真心話），她認為太年輕的女孩不安全感太重，也不夠知道自己要什麼，反而是活到四十幾歲後，特別覺得這階段妙不可言，不僅更加自信，各方面也獨立成熟，能夠較有餘裕供給自己所需的一切，有能力讓自己快樂，那是屬於熟女的美好。

我有一位住在哥斯大黎加的外國女性友人，天天做瑜伽、騎腳踏車、游泳、騎馬，每兩個月就跑到世界各國旅行，總是聽到什麼新鮮事就萬分衝動地想嘗試，不時提醒我要盡量去談戀愛，去試試看各種挑戰。這樣的生活模式，你猜她幾歲？嘿，她今年六十八歲，卻活力充沛得像個少女一樣。

有些時候你會發現，其實真正讓人感覺老態的原因，並不是容貌，而是一個人的心。或許他的實際年齡並沒有那麼大，但心已枯槁，總在言語和行動上畫地自限，一下覺得「不行啦，我已經都這把年紀了」，一下覺得「這都是年輕人的東西啊，我哪會？」總之畏畏縮縮或自我設限，不願再體驗新的事物。

然而，熟女乏人問津的狀況卻在近年出現了一些轉變。

熟女席捲歐美時尚圈

近年歐美的時尚圈吹起一股熟女風潮，以往高端時尚產業總是以年輕纖瘦的女明星、模特兒作為雜誌封面或廣告代言人，這幾年卻悄悄地出現「Grey Power」（銀髮力）。法國精品品牌Céline在二〇一五年時，選擇八十歲的女權作家Joan Didian作為廣告人物，Céline的舉動簡直嚇傻一票人，那些過往強調嫩、正、骨感的美感標準一夕之間受到撼動；不只Céline，這股風潮簡直籠罩時尚圈，Lanvin曾邀請六十二歲的設計師名人Tziporah Salamon穿上自家的秋冬服裝、彩妝品牌MAC也邀高齡九十一歲的Iris Apfel拍廣告。

社群媒體更是掀起一股「銀髮力」熱潮，在紐約大學法學院教授兒童福利的Lyn Slater同時也是Instagram上的知名網紅，六十三歲的她雖然沒有任何時尚專業背景，但因為個人穿著品味獨到而成為眾所矚目的時尚代表。

Lyn Slater總是頂著一頭俏麗白髮，穿得比誰都前衛，有時抹上大紅色的口紅、佩戴誇張的耳環，有時又成熟優雅盡展熟女魅力，在社群媒體上擁有超過二十幾萬的追隨者。

「年齡不是影響我穿搭的理由。」Lyn Slater接受媒體採訪時曾這麼說。

如果我們把女性對自我的肯定簡單區分成內在與外在，內在肯定表示更有自信、樂在自己的生活；外在肯定則是欣賞自己的容貌變化與穿著，那麼歐美主流媒體、自媒體近年對於熟齡女性的呈現，便是一種「從內在肯定推向外在肯定」的表現，也是這群「大齡姊姊」們過往最難自我認同的門檻之一。你知道的，要老媽自評廚藝好、人生歷練豐富是簡單的，但要老媽大聲說自己還是很美、很有吸引力、有資格走在時尚的尖端，她們往往不容易這麼有信心。

平滑細嫩是美，皺紋也是美，前者美得是一種純粹，後者美得是走過的智慧。

年齡不過是一個數字，靠你才能活出意義

說到底，所謂的年齡數字不過就像手錶的指針一樣，數字雖然有多有少，但客觀來說其功能只是讓人判斷前一個數字與後一個數字之間的先後順序，數字的本身其實不具任何意義，並沒有法條明文規定三點一定要做什麼事，就如同並沒有什麼條約規定三十、四十、五十歲非得該做什麼事，往往添加意義於其上的，是因為自己想要符合某種抓不到、摸不著卻牢牢限制了你的社會期待。

然而讓社會期待凌駕於自我期待（或說，你把社會期待「複製貼上」變成自我期待），其實是因為我們以為那樣是一條安全的路，卻往往在事與願違的時候受挫更深。例如你以為考上醫學院、當了醫生，從此人生再無煩惱、一帆風順，卻沒想到如今醫生福利早不若以往，並且要面對更多複雜的醫病關係與醫療糾紛；又例如你以為三十歲前結了婚就是妥當，沒想到踏入

婚姻之後才發現面對的挑戰更多，自我內心衝突與婚後家庭裡的人際關係互動更是進階課。

莎士比亞說：「期待讓人心痛，使人受傷。」有些事並不是你想控制就控制得了，不是你想從別人那裡得到什麼反饋就能如願。

於是你會發現，**當我們照著他人期待行事的時候，反而把自己更加推向容易受傷的狀態**，因為決定了你有沒有達標的，是他人，而不是你自己；換言之，你把為自己打成績的權利讓給了他人。

當你下次再說，「我都這個歲數了，還是別做這件事吧」的時候，我建議，不如換一種想法，「我都這個歲數了，為什麼不能做這件事？還有什麼好怕的？」

咱們活著，有時候得有點勇氣和霸氣！

單身生活，
不是學會堅強
就好

＊輕熟齡以後可能更美好的幾件事＊

1.能有足夠多的社會歷練讓你判斷眼前的人事物。

2.更有經濟能力提供自己所需要的物質生活。

3.了解自己真正喜愛的生活方式，活得更無所懼、更自在。

4.加緊腳步，了解現在不做或許未來更沒機會做，更有勇氣追夢。

5.學會欣賞他人的青澀，活得更體恤與懂得包容。

6.發現一件新事物的樂趣，或找到一個新興趣的喜悅程度，遠比年少時更勝十倍。

對完美的執念

你是不是常常覺得自己做得似乎還不夠好？總覺得只要再努力一點，說不定會更好？或許有時會責備自己有點懶散、內心覺得自己有些投機取巧，即使有人稱讚你，你仍然覺得可能一切都只是僥倖，生怕假以時日就會被人發現自己根本沒有那麼好？

我小時候的個性比現在偏執很多，課本書籍只要折到一角，內心就過不去了，總設法重新再買一本；同學的英文字典，那薄薄如羽翼般的聖經紙幾乎每頁都有細微摺頁，我非得拿過來一頁一頁壓回去不可；有時同學衣領沒翻好，我得強力忍耐自己想去幫對方翻好的內心衝動；牛奶盒的開口若被雙手擠壞不成銳利的三角邊，我的世界簡直就像毀滅了一般。

這個性不只對事物如此，連與人相處和價值判斷時也是，每每遇到一件事，我只有兩個選項，要不就是認真到廢寢忘食非得拿第一，要不就徹頭徹尾不管這件事。你說，若拿不到第一怎麼辦？沒有怎麼辦，我就重新再做一次，非要把這件事做到受人肯定為止。以前學校老師常常收到我重做的作品或報告，我總自發性地說：「老師，我覺得上次我做得不夠好，希望你可以再幫我看看。」偶一為之的話，或許你會覺得這孩子真有上進心，但經常這麼搞，我相信連你也不想當我的老師，因為壓力太大了，「到底該怎麼面對這孩子才不會傷了她？」

考高中的時候，我一心一意地想要跨區從屏東到高雄考試，那是一股風潮，許多成績好的孩子都會選擇去競爭更激烈的區域就讀（例如桃園的孩子往台北跑、彰化往台中跑、屏東往高雄跑），對我來說，那是一個證明自己夠好的戰場，但當時家人因為擔心人身安危而要我留在屏東。

眼看著我所有的競爭對手和好友都跨區就讀了，只有我自己一個人留在家鄉，坦白說，就讀高中的那幾年，我內心時常處於忿忿不平、無法平衡的病態狀，一方面覺得自己不應該只是待在家鄉、沒勁唸書；另一方面又因為根本不唸書而成績差強人意。那時自卑又自大，只好另闢才藝競賽戰場，參與各項演講、朗讀、作文比賽，搞社團辦活動，貌似風風光光，但我內心卻始終有著強烈未竟全功的失落感。

想來，這段求學之路之所以讓我痛苦不堪，可能也與我設定了「某條道路才堪稱完美」的心態有關。

單身生活，
不是學會堅強
就好

我還沒有達到我要的境界

太過完美主義的人其實是一種強迫型人格，這類人多半對自己和他人要求都很嚴格，除了不斷追求極致之外，也時常會有自我否定或太過關注他人評價的狀況。帶有一些完美主義的人當然比較容易在事業上取得不錯的成績，但太過完美主義的人，卻可能因為理想過高而不可得，或在失敗的時候格外糾結痛苦。

根據《今日心理學》網站的一篇研究[2]，如果你有以下現象，很可能就是個完美主義者：

1. 你的世界往往非黑即白，要不就遲遲不下手，要不就全盤梭哈，非常極端。

2. 本研究引用自Psychology Today網站，〈9 Signs That You Might Be a Perfectionist〉一文。研究者為心理醫師Elizabeth Lombardo。

2.凡事一定會在腦海裡全盤規劃、沙盤推演後才行動。

3.你沒辦法相信別人會把事情處理好，所以根本不假手他人行事。

4.正在進行的作品、報告、事物，如果沒有截止日期根本交不出手，你總覺得哪裡還能再做得更好一點、更完美一些。

5.你對自己和他人的標準都訂定得太高，很難達成。

6.你很喜歡用「你應該……」（或「我應該……」、「他應該……」）這樣的句型。

7.你的自信心多半來自於自己的成就，以及他人怎麼評價你這些成就。

8.很難忘記自己做過的錯誤，總是不斷回想，然後試圖要去修正它。

9.你會下意識逃避那些你覺得自己可能無法完成或使其成功的事。

知名大導演史丹利・庫柏力克曾經執導過一部恐怖片《鬼店》（The Shining），電影裡有個瘋狂的作家傑克在打字機上重複打著一段話，「All work and no play makes Jack a dull boy.」這段話原始出處來自威爾斯作家詹姆斯・豪爾，意指只有工作而不玩樂的人，不只會讓人感到無趣，自己也會覺得非常枯燥。即使如此，史丹利・庫柏力克仍然是非常知名的完美主義工作狂，每每都把同劇演員幾乎逼瘋。他早期在拍攝《勇闖禁區》一片時，有幕兩個士兵在監獄裡討論未來命運的場景，庫柏力克一次又一次地重拍，那時他還不算是家喻戶曉的知名導演，資金不是太豐沛，而當時拍攝電影的膠卷又非常昂貴，當他重拍到第六十三次的時候，不只演員快要受不了，負責控制預算和進度的製作人也忍不住跳出來制止，此舉簡直惹惱了庫柏力克，他激動地大喊：「我還沒有到達我要的境界！」

「我還沒有到達我要的境界」，這是完美主義者促使自己不斷重做的驅力，但到底什麼是他們要的境界，卻可能只有他們自己的內心知道（又或許其實他們也不知道）。

當然，完美主義者不會只有一次把他人和自己逼瘋，接下來庫柏力克拍的每一部戲幾乎都讓人苦不堪言。拍攝《發條橘子》時，他為了讓場景跟演

單身生活，
不是學會堅強
就好——

員反應更加真實，找來專業儀器把演員的眼皮撐開，演員的眼睛幾乎痛到快瞎了，只好跑去找庫柏力克的合夥人抱怨，他只是淡淡地回應：「不做到這種程度，根本取信不了觀眾。」

拍攝改編自史蒂芬・金的小說《鬼店》時，庫柏力克更是無所不用其極。為了讓女演員雪莉・杜瓦充分展現劇中人物身陷絕境的心情，他要求所有劇組人員在拍攝期間都不可以跟雪莉・杜瓦說話或互動，若她試圖跟旁人說話時，只可以一律回答她：「妳以為有人在意妳嗎？」

雪莉・杜瓦就這麼過了幾個月宛如鬼魅空氣般的日子，庫柏力克為了加深她的無助感，甚至故意在片場對她惡言相向。據說雪莉・杜瓦當時已經有些輕微的憂鬱，每晚總是以淚洗面，當拍攝到一幕男主角傑克・尼克遜威脅崩潰妻子（雪莉・杜瓦飾）的橋段時，這位精神狀態已經不太好的可憐的女演員更是被要求重拍了一百二十七次，最後幾次她真的崩潰了，庫柏力克事後接受訪談滿意地表示，「在她真的崩潰後，其實沒拍幾次就完成了。」

完美真的有終點線嗎？

作為完美主義者的工作夥伴或家人，可想而知是非常累的，但完美主義者本人其實最不輕鬆。在他們不斷追求完美的同時，其實反映的是覺得「自己永遠不夠好」的心情，常常害怕自己不努力會對不起這件事，或對不起誰，他們苛責自己的時候居多，即使是得到他人的讚美也未必開心得起來。

現年三十一歲，在倫敦從事次文化藝術工作的非裔女藝術家夏汀[3]在某次訪談時談到自己的經歷，「雖然很多人覺得我是成功的，特別是一個非裔女性要能在英國跟其他藝術家平起平坐非常困難，大多數非裔族群在藝術圈都只能從事助理工作，但我總是覺得哪裡有問題，很怕有一天人們會發現我不夠好。」

即使夏汀拿了再多的獎項，或參與過多少場專屬於藝術家的聚會，她仍然持續自我懷疑，「或許你們很難想像，當我站在一群白人藝術家之間時，我會一直覺得自己像個仿冒品，就算我的表現再傑出，我都不覺得自己跟其他人一樣。我會擔心，其實是因為他們沒有發現我不夠好，所以我才能站在這裡。」

夏汀說，從小父母或媒體灌輸給她的觀念，就是金髮碧眼、身材高䠷的白人女子才是完美的，非裔族群永遠要比別人更努力無數倍，才有可能稍微在白人圈子裡搆上一點邊。

如果照夏汀這麼說，那麼那些金髮貌美的白人成功女性應該就沒有類似問題了，畢竟她們被定義成人生勝利組嘛，很不幸地，實情恰好相反。

知名好萊塢女星茱蒂・佛斯特明明以演技精湛聞名，她卻仍然對自己的一切感到焦慮不安，懷疑自己其實沒有那麼好，她曾在採訪中坦言：「拿到奧斯卡獎之後我每天都還是很擔心，總是幻想有人會來敲我家的門，跟我說：『喔！抱歉，我們頒獎頒錯了，其實得獎的是梅莉・史翠普。』」

英國女演員凱特・溫絲蕾也曾經說過覺得自己好像一個「冒牌貨」，別

3. Chardine Taylor-Stone，活躍於倫敦的次文化藝術工作者、女權主義者、作家。

人給她的讚美其實都不是真正該屬於她的；而從童星起家，因為演出《哈利波特》裡妙麗・格蘭傑一角而全球家喻戶曉的女星艾瑪・華森更是如此，她對《Vogue》雜誌的記者說：「我覺得自己是個假貨，我對自己的表演覺得非常不舒服，就連我要去聯合國發表演說的時候，前一晚我都陷入非常糟糕的狀態，我覺得自己肯定辦不到，會被『識破』。」

上述這些在眾人眼中極度優秀的女性卻陷入無可自拔自我懷疑的焦慮，不知情的人會以為她們的困擾是庸人自擾或假掰做作，然而根據美國Pauline和Suzanne兩位教授發表的研究[4]，確實發現高社經地位、高成就和高學歷地位的女性特別容易有「冒牌者症候群」（Imposter Syndrome），即便擁有再多的讚譽，她們仍然無時無刻覺得自己不配。

根據Pauline和Suzanne的研究，冒牌者症候群較常發生在女性身上，而且跟她們從小的家庭環境和家人教育她們的方式非常有關。通常可能來自兩種情況：

第一種，她可能有一個非常優秀的兄弟姊妹，從小家人就把所有的讚美和關注給了那個厲害的孩子，為此她一方面必須不斷證明自己的能力，證實自己也能像她那位兄/弟/姊/妹一樣好，但另一方面，由於家人的態度仍然深深影響她，因此她其實內心也埋藏了覺得自己永遠不如人的憂慮感。

另一種可能的狀況則恰恰相反，若是這個女孩來自一個對她極度有信心的家庭，家人總是告訴她：「妳是最棒的、最優秀的、比旁人都更加卓越」，不管這個女孩做什麼事，家人總是信心滿滿，好像「達成完美對她來說，簡直容易得像一塊小蛋糕」，一旦離開家庭的羽翼，開始進入學校或職場後，她發現自己並不是樣樣都這麼行，反而會對父母過往的一切讚美產生極大的不信任與矛盾感，有些女孩甚至還要假裝自己根本不必唸書、不用準備，「父母覺得我非常優秀，他們認為天才不必準備就能輕而易舉獲得成功，為了不讓他們失望，我只好假裝自己都沒在唸書，好像一路玩耍就能唸

4. Pauline Rose Clance & Suzanne Imes (1978). The Imposter Phenomenon in High Achieving Women: Dynamics and Therapeutic Intervention. Psychotherapy Theory, Research and Practice, Vol.15 #3.

完博士班。」研究裡的受訪者坦承自己非常痛苦。

看著這份研究，讓我不禁回想起自己的經歷，我來自第二種狀況的家庭，也就是我的家人始終深信我優秀到不行。我從小在一個粉紅泡泡的世界裡成長，媽媽對我的信心讓我深信自己簡直是莫札特再世，或只要我努力唸書就沒有無法達成的未來。說實話，親子教育這種事過猶不及，一方面我天生的樂觀與信心由此扎根，另一方面卻在我面對許多挫折時，不知道該如何向家人表達。我說不出自己為什麼高中數學只考二十六分，我拿不出體育居然是丁的成績單（說實話，至今我仍然不明白為什麼體育能有丁這種分數，畢竟我能跑也能跳呢），我也不敢告訴家人我的地理成績拿了全班第四十四名，而我們班剛好四十四人。

我只能不斷假裝這些我達成不了好成績的科目統統不重要，不知道究竟是無法正面面對自己的失敗，還是無法面對家人的失落。對母親的朋友們來說，我簡直是傳說一般優秀的女兒。直到前幾年我離了婚，一月簽字，本來

打算二月回家鄉過農曆年，但當時母親似乎心裡尚未準備妥當，對我說：「今年妳先不要回來好了，我還沒準備好怎麼跟大家說。」

我的內心受到極大的撞擊，感覺得出來離婚這件事讓我在母親的眼中好像「沒那麼優秀了」。我不是不能體會母親的失落，因為她是過來人，曾經為自己的離婚感到悲傷，她或許怎麼也沒料到自己的女兒也會步上一樣的路。儘管我的離婚是自主決定，卻仍然難以讓她抬頭挺胸。我拿著話筒，強忍著淚水對母親說：「知道了，我會安排出國避一避，可是妳要習慣，我其實沒有妳想像中的這麼優秀，有時候我會失敗。」

妳要習慣，有時候我會失敗。這句話其實是長久以來我一直想對父母和自己說的話。

如今我早已不把離婚看作失敗，那不過是某個人生階段遇到的瓶頸與選擇，然而或許因為當時我自己脫口而出、講了深埋內心已久的真心話，這個念頭反而讓向來執著於完美形象的我感到如釋重負。

學習與不完美和平共處

曾獲得普立茲小說獎的作家愛麗絲・華克說過一句名言：「在自然界裡，沒有一件事是完美的，而同時每件事都是完美的。一棵樹可能長得很彎，甚至扭曲得奇形怪狀，但它仍然是美的。」

對於事事想追求完美的人來說，其實最難的部分在於自己內心這關，以至於往往必須因為沒有時間重來、沒有辦法重來，他們才能說服自己放手別再要求。換言之，在他們的心中從來沒有哪件事情是真的「夠好」了。我也是在這幾年才逐漸看開，「既然我都曾經不完美那麼多次，天也沒有垮下來，那再多一次不完美好像也沒什麼好怕的了。」

饒過自己，學習與不完美和平共處，這樣的心境或許也是透過多次旅行磨練而來。

幾年前開始，我便以高密度的節奏不斷一個人旅行，去過的地方並不介意重複再去。對我來說，第一次去一個陌生的城市或許容易有一見鍾情的感受，若第二次再去還能驚豔，那便是認真與那地方相愛了，旅行的副作用是讓我練就收行李越來越快的技能。

收行李除了熟能生巧外，同時也能反映個人性格。有些人習慣拿出一張行李清單，每放入一項物品就打個勾，逐一確認；

有些人則比較隨興，想到什麼裝什麼。

我的習慣是將不同作用的物品按類別分裝，每天日常必備的保養品（例如精華液、精華油、眼霜、乳霜這類）收在透明塑膠拉鍊袋裡，冀望能防止液體流出來的困擾，不過真正出國幾趟就會發現，旅行箱裡什麼慘烈的事都有可能發生。有次我明明將新買的粉餅包裝得很仔細，沒想到依舊碎裂，就更不用提帶杯裝泡麵出國了，情況更加慘烈，扭曲變形、包裝破裂都不稀奇。

看似萬無一失的行李，總是會有一些意料外的疏漏。例如有次我一時大意，把隨身小剪刀誤塞進隨身行李裡，在安檢時被搜出來只好忍痛丟棄；某次去義大利，以為自己什麼都帶了，卻發現忘了查當地氣溫，明明台灣還二十幾度，但一下機只有不到十度，只好直奔ZARA買外套。最驚險的莫過於有次在瑞士日內瓦機場準備搭機離境，飛機都準備起飛了，這才發現我的筆記型電腦居然留在五分鐘交通車程外的候機室廁所裡，所幸遇到好心的機場大叔幫我央求機長等我一下，飛車載著我去拿電腦……

一開始我對自己的失誤總是極度懊惱，放在心裡、久久無法散去，老是不斷回想如果回到過去某個時間點，自己一定不會再犯同樣的錯。然而在一趟又一趟旅程中，我逐漸從自我苛責的牢籠裡解脫，這些失誤實在太常見了，就算每一次自以為準備得再完美，也可能遇上意外的危機，若是每次都在意到不能自已，反而會讓出國變成一種壓力。

與其瘋狂練習如何事前準備，不如學習如何面對這些無法預期的插曲。人生的樂趣之處，有時就在這些突然到訪的各種隨機事件。

近年拜網路之賜，許多旅遊部落客或是專家達人、旅遊論壇總會詳細地記載「十大必去必玩景點」、「絕對不可錯過的完美路線」、「怎樣玩才是最有效率」、「如何買到最便宜的機票」……對於要出國的人來說，這些資訊很有幫助，但同時也讓旅遊的可能性大幅減少。每個人都在重複這些網路上的遊歷經驗，因為怕失敗、怕踩雷、怕玩得「不夠完美」，所以前人說好吃的就去吃，說不好吃的就不吃，說應該買的就買，說不必特別去的就不去了。顧慮東顧慮西，就怕自己開開心心玩一趟，回來卻被人嘲笑玩得傻。

旅遊是一件很個人的事，從地點、交通、住宿、每日的飲食與行程規劃，無一不與個人價值觀和偏好有關，很多朋友看著我總能找到舒適的住宿，玩得愜意自在，常打趣說「要跟我的團」，但我總半開玩笑地回應：「別吧！你一來可能就破壞我的旅遊了。」這話聽著有點冒犯，但卻是真的，一個人旅行之所以自在，是因為你知道自己此時此刻想要怎麼玩，是想放鬆還是想冒險？是想要走平民路線還是奢侈一下犒賞自己？這些事很難跟朋友逐一協調，有時你明明想走山林原野，她偏想去貴婦百貨。

人生需要配合別人的地方已經太多了，旅遊，是我留給自己的一條僻靜之路。在這條僻靜之路上，沒有他人會評價我玩得正不正確，我也不需要跟誰證明我玩得有多愉悅。只要我自己能夠接受或處理，那段解決不完美的過程，便成為我的人生寶貴的課程之一，於是從不完美當中，也成為完美了。完美主義者最需要的，其實是面對並接納自己並不總是那麼完美的勇氣。

＊在追求完美前，先問自己幾個問題＊

1. 這個「完美」是來自誰的眼光或標準？
2. 我的追求完美是否可能造成自己與他人的痛苦？
3. 為什麼犧牲愉悅達成他人眼中的完美被認為是值得的？
4. 不那麼完美有沒有可能也是一種美？

蒐集眼球的年代

你是不是時常覺得許多臉書、Youtube上的內容荒謬至極、貧乏蒼白，讓人無力？可是不寫點什麼或不使用的話又覺得自己彷彿成為世界的邊緣人？

地震、遲到、手機弄丟，以上何種情形會讓你感到最不安？我敢打賭，許多人最無法忍受的是手機遺失。

手機在現代社會扮演舉足輕重的角色，不只讓人接收訊息，也讓許多人有機會展現自己。去餐館，拍照上傳；出國，拍照上傳；跟寶寶或狗狗玩耍，拍照上傳；看到一本好書，拍照上傳；一日無事可做好憂鬱，拍照上傳……不管你是一般網路使用者，或以生產網路內容為樂或為生的部落客、Youtuber，我們或多或少都在網路世界競爭著他人的眼球，一個讚、一句留言、多一個觀看數，像是多一分肯定。

然而這一切，也正默默改變這個世界……

她不是故意殺了他

事情的發生快到讓人幾乎無法思考。當大批員警包圍了沛莉茲住家的時候，她仍然對眼前的景象毫無真實感，三歲的孩子還在腳邊，丈夫瑞斯則倒在血泊之中。

幾分鐘前，沛莉茲手握一把零點五英寸沙漠之鷹手槍，一槍擊斃了瑞斯。

「他跟我說一下就好，他測試過了。」沛莉茲喃喃跟員警這麼說。十九歲的她挺著肚子，懷上第二胎不久的她眼前除了要承擔失去丈夫的心痛、養育兩子的處境，還得面對被控告二級過失殺人的重罪。

雖然結果上來說，瑞斯似乎死於行刑式的槍決，但這並不是一起惡意的謀殺案。

瑞斯和沛莉茲是住在美國明尼蘇達的一對年輕夫妻，瑞斯二十二歲，稍微比沛莉茲大一些，兩人平常經營一個Youtube頻道，專門拍一些挑戰極限或刺激的畫面，他們認為越危險的影片越能吸引到更多訂閱粉絲。儘管兩人當時訂閱粉絲數只有兩千人，但他們已經不斷幻想粉絲數衝上三十萬的那天。

「冒險影片有助於變成高人氣Youtuber」的想法將兩人不斷推向更危險的懸崖，只是他們當時並沒有意識到這件事。

那天瑞斯跟沛莉茲說：「我們來挑戰一個從來沒人做過的事，只要成功了，訂閱戶一定會馬上衝高。」

「什麼事？」沛莉茲問。

瑞斯拿出一本極厚的硬殼精裝版百科全書，並交給沛莉茲一把手槍。

「待會射我。」瑞斯說。

「什麼？」沛莉茲不敢相信自己聽到的話。

「放心，我之前拿其他的書試過，沒事，子彈穿不過去的。」瑞斯胸有成竹地說。「妳要想，這影片會刺激多少點閱數！我們一定會一炮而紅。」

兩人開始在房間內架設攝影機，一台GoPro往瑞斯方向拍攝，另一支用手機鏡頭的也錄下所有的畫面。在進行錄製前，沛莉茲還先上Twitter公告，「我跟瑞斯待會將要挑戰一件這輩子最瘋狂的事，這點子是他提的，可不是我！」

幾分鐘後，兩人站在預先規劃好的地方，瑞斯在胸口前拿著百科全書，沛莉茲則站在離書一步遠的距離，開槍指著他，扣下扳機。出乎兩人預料的，子彈竟然完全穿過了書，直接射向瑞斯的胸膛，一槍斃命。

而他們的孩子在現場目睹了一切。

當警方獲報趕到現場的時候，只見沛莉茲不斷落淚自責，「我們只是想要更多人看影片而已，我不是故意殺他的。」

沛莉茲和瑞斯的故事引發大批網友訕笑，覺得兩人實在天真得可以，居然為了點閱數可以搞出人命來。

如果你覺得沛莉茲和瑞斯的故事很扯，那我要告訴你，其實類似這樣的事天天在我們周遭上演，有時只是因為沒有鬧出人命，所以不足為外人道。

如果把這類為求點擊數而不擇手段的現象怪罪給臉書、Youtube等社交媒體的出現所造成，其實有失公允。卡內基在《人性的弱點》這本書裡曾點出，「人類天性至深的本質，就是想受到他人重視。」在社交媒體或自媒體時代出現之前，若人們發現自己天生有種想要站在鎂光燈下的人格特質，特別熱愛成為他人的目光焦點，便可能選擇從事一些舞台型的工作，例如演員、主播、魔術師或各種表演者……然而隨著網路、手機和社交媒體的普及，人們不再需要成為某種特定職業才能受到注目，人人都可以開手機，把自己的照片或影片傳上網路，甚至開直播便有機會接觸到人群。

由於成為「表演者」的門檻變得極低，因此設計出一些能吸引他人觀看的哏便更不容易，有些人專門製造搞笑誇大的趣味影片；有些人看中觀眾獵奇的心理，拍一些有違常理的議題；有些人賣弄肢體遊走在色情的邊緣；有些人販賣愚蠢，笨得好笑也會讓人想分享；當然也有人走知性路線做市場區隔。

集體複製愚蠢與感官刺激的時代

這幾年我時常參加電視談話節目，有些節目的形式是邀請大量來賓，十幾個女孩湊在一起針對某事發表言論（通常是兩性話題），我參加過幾次之後便敬謝不敏。這類型的節目從觀眾的角度看來或許挺熱鬧，但事實上並不利於一件事的深入討論，一開始我總是好好準備想說的話，後來卻發現搶得到麥克風的，總是那些奮力抨擊男人、大罵對方狼心狗肺，激動得不可自已的女孩。另外，那些穿得特別性感或講話特別愚蠢的也別具節目效果。

我坐在自己的位子上看著那些年輕的女孩們說：「那個男的真的很過分，用我的、吃我的、睡我的，還把別的女生帶回來睡我的床，穿我的內衣，好險我也有找別的男生回來上床沒有讓他發現。」我一時之間分不清楚她們說的到底是真實故事，還是因為知道發表這麼驚悚的言論能得到話語權才故意這麼說。

英國一位年輕男生Brad Holmes拍攝了一支女友傻裡傻氣的視頻，並把影片放到網路上。影片中，男友問了女友一個問題：「如果妳走進一間披薩店裡點了一個披薩，店員問妳『小姐，妳的披薩要切成幾片？』妳會怎麼回答？」女友猶豫了一下，回答男友：「八片。」

「為什麼不是十二片呢？」男友再問。

「因為要再多吃四片，我吃不下啊。」影片裡女友天真的回答讓網友不斷瘋傳分享，原始影片瀏覽數逼近五千萬，還不包括全球網友自動自發翻譯成各國語言的瀏覽量。如今不只Brad Holmes成為一線網路名人，也引發更多網友仿效拍攝類似的影片，例如有人在影片中問女友：「當哥哥四歲的時候，弟弟兩歲，那麼哥哥一百歲的時候，弟弟會是幾歲？」而女友居然回答：「五十歲。」理由是弟弟的年齡是哥哥的一半。

這些後來衍生的複製影片當然絕大多數都是設計好的腳本套路（說不定連Brad那段影片都未必是真的），然而這些為了得到更多人關注，而被大量複製的愚蠢內容卻真真實實地不斷發生。或者說，其實不只是相似的媒體內容被複製而已，就連「渴望成為一個知名的網路紅人」、「想要得到更多點閱率與關注」這樣的心境與如何成名的手段也被徹底模仿。

手機不離身，煽情主義可能全面攻占你的人生

或許我們對網路世界這一切匪夷所思的內容感到極度疲倦，但事實上這些以挑起人們感官刺激（無論是發笑、難過、沮喪、憤怒、性慾……）的內容當然不是這幾年才出現。

亨利在法國里茲酒店保安部工作，他的職稱是副理，事實上要升到副理不是一件容易的事，他已經為老闆穆罕默德工作長達十一年。他的老闆是一名埃及裔的企業大亨，擁有英國哈洛德百貨[5]、富勒姆足球俱樂部和巴黎的里茲飯店。亨利平常除了工作之外，特別喜歡飛行，甚至擁有私人飛行駕照，每年都會做飛行的體檢測試。

那天亨利接到一個任務，他必須擔任司機，負責老闆的兒子多迪和他剛交往一個多月的女友在巴黎的接送。他開著賓士S280，開過浪漫的塞納河，然而亨利的心情卻無法放鬆，他察覺後方似乎有人騎著機車正在跟蹤他

們，而且機車不只一部。亨利的車速越來越快，他想擺脫後方那些來意不善的人，然而他開得越快，後方的人追得越緊，當汽車疾駛轉上阿爾瑪橋的時候，整個車體突然失控打滑跨過行車線，撞上了燈柱和石牆，車體瞬間爆炸。車上包含亨利、多迪、多迪的女友全都喪命，只有多迪的私人保鏢幸運存活。

或許你覺得這個故事聽起來有點耳熟，是的，多迪的女友就是二十年前已故前英國王妃黛安娜，而追逐他們的，則是狗仔隊記者。事件發生後，記者並沒有在第一時間救人，而是不斷全程搶拍車禍畫面，甚至錄下影像，成為全世界輿論指責的對象[6]。

然而輿論指責歸指責，事件發生後，全球仍然爭相目睹黛安娜王妃被記

5. 哈洛德百貨已於二〇一〇年轉售給卡達政府。

6. 三名追逐黛安娜王妃與多迪的狗仔隊記者於事發六年後（二〇〇三年）獲判無罪，理由是事發當時他們的機車與失控車輛還有一段距離，法官認為無直接致死證據。

者拍下的死狀圖組，人們極其憤怒，但眼球依舊消費；人們的情緒受到挑弄，但卻依然無可救藥地沉迷在忽高忽低的精神震盪裡。換句話說，人們在追求的，或許不純然只是感官化的煽情內容，而是那種把自己拋向大喜大悲大樂大怒的，即使是負能量也比沒有能量好的一種癮，那些媒體內容不過是類似大麻或毒品的作用而已。

以往這類挑弄人心、煽情主義取勝的媒介內容透過報紙或電視傳遞，然而在行動網路與智慧型手機、平板滲透生活的年代，這些內容像是黑森林裡的樹精，無止境地扎根綑綁人們的生活，直到你感覺自己失去了新鮮的氧氣。

蒐集眼球可以，但不要出賣自己的靈魂

在亟欲受到關注的背後，或許與「想要受到重視」的心理需求與「想要賺大錢」的商業考量兩種層次密不可分，而兩者未必可以截然二分，儘管許多網路名人、Youtuber起初並不是懷抱著「我做影片就是為了要賺大錢」這般雄心壯志，多數內容創作者一開始不過都只是隨著自己的興趣、對社會的關注，採取自己擅長的搞笑、戲謔，或各種呈現手法來製作內容。但爆紅之後，若想要維持商業模式不墜，卻可能反向讓這些創作者繼續如工廠般非得維持穩定的產出，甚至可能因為害怕失敗，因此不斷自我複製，直到觀眾看膩為止。

我曾經主持過一個知名平台的網路直播節目，原本節目企劃方向是由我訪問一位知名的藝人，透過深入探討藝人對兩性交往、互動的個人意見，讓觀眾更了解這位藝人的想法，也藉由逗趣的互動達到娛樂的效果。然而，後

來因為不明原因臨時更換了製作團隊，新的團隊認為只找一個知名藝人太單調了，而且可能無法吸引更多的點擊率，因此將原本的來賓預算改成邀請四、五位素人直播辣妹，這些辣妹有的專門以性愛姿勢挑逗觀眾聞名，有的以在直播時嗆髒話受到網友支持……上節目時，直播辣妹們配合製作單位的要求，裙子能穿多短穿多短，應製作單位的要求，在直播時段上道具床擺出撩人的姿勢，雖然偶爾她們會在節目一邊播出時一邊拿出手機看看自己，但多半的時候，她們算是敬業且配合製作單位各種要求的。

果不其然，辣妹們的加入確實很吸睛，許多男性受到女性胴體的感召加入收看，某些時候線上觀看人數甚至達到過往的兩倍。但我越來越不快樂，不只一次地跟製作單位反映甚至爭論，「你們真的要把自己搞成蓬萊仙山頻道嗎？」「我主持完一個小時不知道自己到底在做什麼……」我想辭去節目的心意每天都在升高，直到某天我收到某集節目腳本，終於讓內心的火山噴發到無止境的高點。

腳本上的某段寫著：

御姊愛跟直播辣妹XXX一起挑戰原地胸部彈跳。

是的，原地胸部彈跳。

那是我這輩子身為女性以來，感覺最屈辱的一刻。我看著腳本，卻不禁想著：我那麼認真地求學、熬夜唸書，為了得到更多知識，我不只跑母校政大和友校台大的圖書館，甚至守在中研院裡的圖書室，參與國際研討會、發表海外期刊，受到國際學者的認同；為了在媒體上分析時事，熬夜列印資料，畫重點做功課，有幸得到一些人支持；在過往的公司，為了打敗同業，一次又一次跟人談判，六日都在公司加班才得到優異的業績表現；寫過幾本書、一些專欄，上過暢銷榜也得到許多讀者真心迴響……我或許不是絕頂聰明，但絕對努力認真。而如今，卻有人為了一時的點閱率，要求我被大眾意

單身生活，
不是學會堅強
就好

淫，原地胸部彈跳。

那一刻，我很清楚知道，不只我不該原地胸部彈跳，而是任何一個女性都不應該因為他人的要求而委屈自己這麼做。

即使我自己身為一個靠蒐集眼球吃飯的公眾人物，仍然需要有所為與有所不為的勇氣，我一直深信靈魂是這個世界最獨一無二也珍貴的事物，**我們的肉體有時或許身不由**

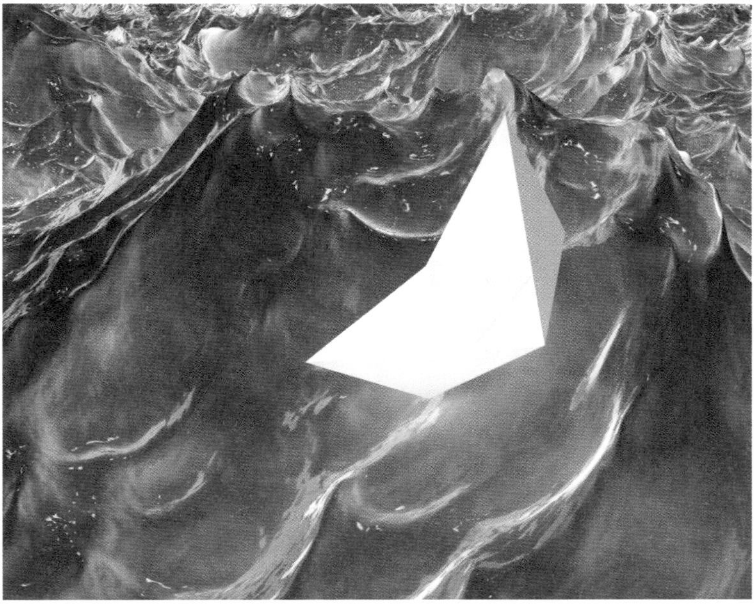

己，但靈魂必須純粹乾淨自由，「潮流」是一股力量，是一個象徵眾人的集合名詞，我們可以閉著眼睛順著潮流走，以為他人會帶領我們走在正確的路上；但我們也可以張開眼睛，在每一步行動前都多想一想，然後有勇氣拒絕一些看似人人都在做的事。

一百萬的粉絲團一定比二十萬的粉絲團更受人支持或擁有更高的商業價值嗎？未必。若這個一百萬的粉絲團沒有特殊的主張、風格或「代表某種個性」，很有可能還不如一個二十萬粉絲，但有明確生活風格或定位的粉絲團。

無論你想蒐集多少的眼球，或這是一個怎樣熱愛蒐集眼球的時代，都不要忘了，眼球是他人的，你則是自己的。保守自己的心與行動，需要智慧跟勇氣，你必須為自己在世上所做的一切決斷負責。

＊如何在社會潮流中保有自己？＊

1.為自己劃下界線，哪些事是自己的底線不可跨越？

2.每天都想一遍：「你喜歡怎樣的自己？」朝成為自己喜歡的樣子處世。

3.敢於捨棄自己不真正需要的利益，不要最大。

4.時時反省，若你不太喜歡自己當下的狀態，立刻調整。

5.在尊重他人的前提下，不必害怕別人討厭自己，更不需委屈自己、迎合他人。

讓人喜歡是一件重要的事嗎？

從小我就一直在思考這件事，關於「被人們喜歡」到底是不是一件重要的事？身為獨生女的我，因為生活環境鮮少其他同儕，並沒有在童稚時期自然而然意識到這些事，但求學階段卻一再受到排擠與霸凌，讓我不禁思索，或許，讓人喜歡是一件非常重要的事？但，又為什麼在我們學習討人喜歡的時候，卻往往感覺如此窒礙痛苦？

年輕漂亮的女孩坐在我面前，有些靦腆地向我簡單介紹了自己。她是一位出版業界前輩的親戚，剛開始經營自己的粉絲團不久，專門自拍一些好吃好玩的影片，沒想到遭遇許多批評奚落。「可以跟她談談嗎？聊聊妳怎麼走過來的。」受到前輩的請託，於是我跟她約在一間咖啡店裡。

她滔滔不絕地從各種小事講起，說自己一開始是興趣，沒想到會遇到廠商凹她、同行攻訐、網友酸言酸語。「我只是在做自己喜歡的事，沒有傷害任何人，為什麼大家不喜歡我？」

我看看她，握著手中的咖啡杯，緩緩地抿了一口。突然想起某個夏日傍晚，那棟讓人忍不住想逃離的日光燈辦公大樓。

當時我是個上班族，正處理一些文件，準備接下來的交接項目。忙著忙著，突然發現幾個同組的同事陸續往會議室移動，「我要一起進去嗎？」我用唇語問小芬，她是我在這個公司三年來天天一起吃午餐、一同到對街買手搖杯飲料的飯友，對上班族來說，這樣的朋友已經堪稱職場姊妹淘了。

「老闆說妳不用進來開會。」小芬尷尬地對我笑了一下，抱著筆記本行色匆匆地消失在我的眼前。

自從兩週前提出辭呈之後，同事看我的眼神就不太一樣了，其實若只是提了辭呈倒還好，或許同事之間還會有點不捨之情，壞就壞在即將跳槽過去的同業新公司居然出了個大嘴巴，「欸，你們公司那個XXX下個月會來報到耶，她人怎麼樣？」這麼一問可慘了，原公司的同事跟主管全當你是背叛者，原本常跟你一起午餐的同事突然另有要事無法同行、常跟你一起抱怨老闆的同事噤聲不語，天天吵著公司福利差的同事突然也在主管前力求表現，這時你才赫然發現，原來一紙辭呈就能攪亂辦公室裡的春水，以往平靜無波卻在剎那間暗潮洶湧，有的人等著卡你的位奪走你留下來的好客戶，有的人發現你變成不受歡迎黑名單立刻切斷連結、撇清關係，甚至有些人還趁這時候踢你兩腳向主管表示輸誠。

「為什麼他們一夕之間把我當成了外人，不再喜歡我了？」當時我曾納悶這個問題。

同事的孤立其實並沒有那麼讓人難以接受，想來是求學時代經歷過更慘烈的事，套句鄉民用語：姊是有練過的。高中時期我唸的是女校，如果朱天心寫的《擊壤歌》是一段追憶美好高中生涯的代表作，我的高中生涯則無疑好比〈長恨歌〉，此恨綿綿無絕期，無比黑暗。

不知怎麼地，女校同學之間的人際圈和「團體生活」、「集體行動」、「全班共識」這類群體思維壓得我喘不過氣，始終無法融入。高中時期我很用力並專注在自己喜歡的社團活動跟校際比賽之中，久而久之，我在全國比賽拿到越來越多獎項，在學校擔任各種重要幹部，卻跟班上同學日益疏遠。同學不斷在週記本上跟老師抱怨我的各種事情，累積得多了，老師也覺得事態嚴重，決定把週記上的抱怨「化暗為明」，選擇在某個週六上午的班會時間宣布臨時動議，那天老師要求同學把整間教室的門、窗戶跟氣窗全緊閉關上，以免被走廊上的隔壁班同學聽見，氣氛一片肅殺。

「我知道妳們對ＸＸＸ有很多意見。」老師揮舞著大家的週記，「我希望有意見的同學公開發言，讓ＸＸＸ能了解妳們對她的真實想法。」是的，我就是那個ＸＸＸ，而老師突然宣布召開我的即時公審，讓人措手不及。當時我內心七上八下，「到底會發生什麼樣的場面呢？」「同學到底想說什麼呢？」十七歲的我完全無法判斷。

老師語畢，班上一片悄然無聲，沒有人願意當開槍的第一人，台下一片靜默。「嗯？美美妳先說，妳連續三個禮拜都寫她的事。」被老師點名的美美是班上某個小圈圈的頭，平常把過膝裙改到膝上三公分，教官沒看到的時候總戴著針式耳環。其實不用老師說，我也知道美美非常不喜歡我，但我也不確定是不是全班同學都喜歡她，倒不是因為我討厭美美，而是因為我跟多數同學不太熟，不常交談。

「我討厭ＸＸＸ掃地時間總會遲到。」當美美提起這點時，其實我不置可否，那時每天晚上唸書外加準備考試總會搞到凌晨一點，學校卻規定七點整要到校灑掃，如今想起仍然讓人覺得不可思議。至於其他同學怎麼辦到的？對我來說始終是個謎。

「我不喜歡ＸＸＸ常常面無表情，沒有笑容。」當美美開了第一槍之後，小倫也舉手發言。「那樣的表情很驕傲，讓人不喜歡。」小倫的話讓我有些詫異，原來我面無表情的時候「社會觀感」很不好。那時我才明白，社會觀感是一種很玄的東西，即使沒有做出妨礙他人的行為，也會招致令人厭惡的結果。

小倫還沒坐下，齊齊也站起來，「可能因為ＸＸＸ是單親家庭的緣故，所以她防衛心特別重……」同學開始一面分析我這個人並一面自行歸因，儘管沒有任何一個人來過我家或與我的父母交談過，卻仍然侃侃而談我的單親家庭背景可能對我造成何種不良影響。

當時的教室宛如一面單向的診療所，許多的他述者滔滔不絕，逼我這個當事者聽見他們的聲音。

起初幾個同學發言時，我的內心相當澎湃，很想為自己辯駁什麼，卻又在幾秒後覺悟到自己居於弱勢多說無益，像是一顆沉默的螺旋，隱沒在巨大的漩渦裡。雙手不自覺冰冷發抖，頭也不敢抬，不知做錯什麼卻羞愧萬分，感覺自己是十惡不赦的壞孩子，必須想好自白，當庭認罪。好友一度舉手發言想為我緩頰，「妳們說的某些特質，就是XX的個人特色，也沒有妨礙到誰，我覺得不需要拿出來討論。」沒想到話還沒說完，便被其他同學砲轟，說她偏袒，怪她維護，迫使我的好友尷尬坐下，默默拿出抽屜裡的書假裝閱讀。而老師則繼續坐在講桌後，一句話都沒說，只是邊聽著台下的發

單身生活，
不是學會堅強
就好——

言，邊繼續批閱手裡的週記。

兩個小時之間，十幾位同學紛紛舉手控訴關於我的種種，彷彿我的好表現都不是我努力來的，而是占盡了她們的機會。同學們甚至邊講邊落淚，而我則是拚命壓抑，不斷告訴自己「絕對不可以哭，哭了就輸了」，可內心卻煎熬得幾近昏厥。有一瞬間我覺得自己的知覺彷彿從現場抽離，浮在教室的上空，靜靜地看著下面發生的一切，那是一個頭低低被踐踏得體無完膚的心靈，和幾十個憤怒追咬的女孩。

我不記得那天自己以哪種姿態步出教室，只記得有個聲音在我耳邊不斷迴盪，「總有一天，她們會發現自己曾經那麼殘忍。」

總有一天，她們會發現自己曾經那麼殘忍。當時的我確實是在內心裡這麼壓抑地想著而撐過來了，但是將近二十年過去，我其實不免懷疑，人們真的有一天會發現自己的殘忍跟暴戾嗎？而期待他人的覺悟或反省，真的是受霸凌者唯一的出路嗎？

不管是特別強或特別弱，我們總因為他人而痛苦

事實上我一直在思考自己的故事該不該被定位為是被霸凌，主要的遲疑是，社會上普遍對霸凌的定義，是集體欺侮「弱者」。可在我身上卻不是，更貼切地說，在我身上所發生的是「群體意識」對「個體差異」無法包容的現象。換句話說，不只是弱者，而是舉凡跟群體不太一樣，可能是特別優秀的人、特別獨特的人、特別美麗的人、特別不拘小節的人、特別成功的人、特別敢表達自我意見的人……都有可能是被討厭的對象，就像黑天鵝並沒有不好，但在白天鵝群裡就是怪嘛，而背後又剛好有「某種原因」讓這群白天鵝覺得討厭那個怪咖是非常合理或理直氣壯的事。

剛進入團體的闖入者也是一種容易被群體排擠的對象，例如「轉學生困境」。轉學生明明跟大家同樣的年紀，應該得到跟其他學生一樣的資源，但卻因為較晚進入班級，缺少與同儕之間的人脈關係，因此很有可能成為眼中

釘。打從師長宣布班上有轉學生即將來到之前，乃至於轉學生到底被排在什麼位置、跟誰坐在一起、誰必須被調開讓座、轉學生的成績可能讓誰的排名瞬間往後一位……一舉一動都可能受到同學們的議論紛紛，除非這個轉學生加倍努力得到大家的喜愛，否則處境就像是被移植的盆栽，活不活得好，沒人有把握。

轉學生困境也發生在職場裡，職場當然是比學校更加複雜的環境。新加入者的年齡未必與大家相同，若是在流動率極大的產業或許還好，畢竟每年都可能有為數眾多的年輕新血加入，或既有員工本來就習慣不斷接觸新進員工；然而在公家機關或流動率低的組織裡，新加入者很可能就會面臨必須妥善處理人際關係和專業技能的雙重壓力，「現在這一代真是越來越不行」、「菜鳥就是不可靠」、「她是空降部隊，聽說在前公司鬧得風風雨雨……」，諸如此類的閒言閒語是一個職場闖入者常常必須面對的事。

職場闖入者其實相當難為，表現得不好拖累大家，表現得太好又讓人倍感壓力。

我有位在電視新聞圈工作的女性朋友艾維就曾遇過內部惡鬥的情形，「比起播報，大家有時甚至花更多的時間在惡鬥。」她這麼感慨。

艾維長得漂亮又聰明，是頂尖學府的研究所畢業生，二十五歲進入新聞圈之後發展順遂，短短一年，長官就決定將艾維調整為主播職務，同時得

單身生活，
不是學會堅強
就好

到這項職務的，還有另一位比艾維年長十歲的資深記者，但由於只是小規模內部職務調動，長官便要她們找時間簡單拍下試鏡試播帶，供內部留存。

沒想到小道消息迅速傳開，一天之內，有另外七位資深記者向主管要求一起試鏡，於是原本小規模內部調整，變成大規模試鏡活動，主管也請台內資深主播先行給予九位試鏡者必要的協助做準備。然而此時艾維卻遇到前所未有的困境，除了她以外的其他八位試鏡者都是共事了至少三到十幾年的老同事，只有她年齡不到三十歲，跟所有的人都沒有交情，儘管她的出線是靠努力獲得的，但怎麼樣都無法讓其他人能夠喜歡她。

在其他人眼中，艾維就是一個年輕貌美、高學歷資優生的幸運兒。辦公室裡開始流傳著艾維的流言蜚語，有人猜測艾維家世驚人，是電視台主力廣告主，有人揣測她跟主管有檯面下的交情，甚至有資深主播跑去向主管放話，「如果艾維選上了，我就離開去別台！」

某天艾維休假，幫大家準備試鏡的主播「湊巧」在當天提供大家所需的播報資料，第二天，艾維上班時發現自己沒有收到資料，幾經詢問仍然下落不明，只好土法煉鋼，回家開著電視新聞一字一句地跟著線上主播學著播報語氣和專業用語，私下再請其他願意幫忙的老大哥們提點，最後試鏡結果出爐，艾維仍然被選上了。

選上的那天，艾維意外發現，那一大疊原本該發給她的播報準備資料，其實被偷偷塞在她腳邊的廢紙簍最下層。

在《被討厭的勇氣》[7]這本書裡曾經提到，人類最大的煩惱就是人際關係，所謂「在個人內部就能終結的煩惱」其實並不存在，大部分的煩惱都是因為有其他人的因素牽涉其中。很多人因為恐懼人際關係，所以變得討厭自己，或者說，藉由討厭自己來轉移面臨人際關係的難題。

在人際關係裡感到窒礙難行的時候，我們有時會選擇更加賣力地討好群體，有時會憎惡自己與他人無法相容的特質，然而無論是前者或後者，那都更加讓我們無法自在地「做自己」。

需要群體認同感的人，特別容易討厭得理直氣壯

來吧，問你一個問題。你覺得究竟是「不在乎他人怎麼看我的人」比較自我，還是「非常在意他人怎麼看我的人」比較自我？

或許我們總覺得那些不在乎他人怎麼看待自我的人活得非常自我、我行我素，彷彿他們的世界裡缺少了他人的眼光，不懂如何用他人的眼光觀照自己，約束自我。

然而換個角度想，那些「非常在意他人怎麼看我」的人，嚴格要求自己不要跟社會期待不一樣的人，難道就不自我了嗎？或許他們其實活得更加在意「自我」，永遠在確保「我」跟他人之間的腳步一不一致。在他們的眼裡，永遠無法忘記「我」這個人而自由活著，或許連張開雙臂伸懶腰的時

7. 岸見一郎、古賀史健，《被討厭的勇氣：自我啟發之父「阿德勒」的教導》，究竟出版。

單身生活，
不是學會堅強
就好——

候，他們第一個想到的都是自己張開雙臂的角度是否跟他人一樣、會不會打擾到他人、會不會因此受到討厭？

日本作家加藤諦三[8]曾經研究一個有趣的現象，他試著分析到底人們怎麼變成一個服從的乖孩子的。他援引心理學家馬斯洛的研究，發現小孩常會為了尋求他人的認可，而扼殺自身的喜悅情感，因為「對小孩來說，世界上最可怕的，莫過於失去周遭人們的心」。正因為如此，許多父母在孩童成長的階段便會藉由獎罰來規訓孩子，他們為孩子指出一條能夠取悅自己的路，藉以讓自己的生活更方便。

加藤提到一個女孩的故事，當這個女孩家裡誕生第二個嬰兒的時候，她受到了父母的冷落。起先她用爭吵、耍賴試圖引起父母的注意，沒想到父母的反應不如預期，於是她開始學習當個懂事的乖孩子，這時她發現這招奏效

8. 加藤諦三，《人生的悲劇從當個「乖孩子」開始》，遠流出版。

了，她的父母對她大力讚許，滿懷慈愛，在這樣的過程裡，她學習到取悅他人、讓自己看起來「被需要」是與人互動的捷徑。當這個女孩逐漸長大談戀愛之後，她總是在感情裡逆來順受，遇到越不公平的對待，她越是用力取悅，她讓自己成為一張任由男友予取予求的大網，因為她相信，唯有被需要的人才能被愛。

是的，人們無所不用其極追求的終點，其實是想要感受到被愛。愛讓我們產生安全感，但同時，對愛的需求也讓我們產生極大的不安全感。當我們試著融合社會、取悅社會、想要以合群作為得到被愛的入場券時，其實隱含著我們想要被這個社會所愛的渴望。

有多想要，就有多痛苦。

那麼我們再來回想，為什麼這些特立獨行、特別優秀、特別弱，或特別跟別人不一樣的人這麼讓人討厭？或許這題就不那麼難解了。

越是想要融入團體，將團體意識變成自我價值的人，其實付出了相當多的精神。他們照著程序來、一步一步地走、吸收團體資訊、布局自己的人脈、甚至犧牲自我的愉悅，只為了符合團體期待與利益，此時若出現了某個闖入者，或讓循規蹈矩的自己顯得像個笨蛋的人出現，自然會成為被討厭的對象。

本來期待能夠在團體之間找到愛的群體們，卻因為各自集結了眾多的怒氣，必然需要將無法平衡的心意怪罪給某一個人，「霸凌他吧！誰教他跟我們不一樣」。

可是明明大家都想被愛，我們卻用對某個人的恨意來抒發追求愛的痛苦，不禁讓人懷疑，大家到底恨的是那個單一的人，還是其實是自己？

有人看你不順眼，正好證明你活得很自由

《被討厭的勇氣》這本書裡有句話非常有道理：「有一些對你不以為然的人存在，才正好能證明你自己活得很自由。」如果做到讓每個人都認同你，那實在未免是太辛苦的一件事，而且這根本是完全不可能發生的事。事實上，喜歡與不喜歡，有時也未必跟自己的行為有關，純粹可能只是機率上的問題。

隨著識別度增加、逐漸成為公眾人物之後，我有時候難免會遇到一些煩心的事，有時是同業莫名看我不順眼，有時是網友酸民惡意奚落、挑釁。隨著粉絲團越大，這樣的情況更是越加嚴重，有一陣子我相當看不開，心情跌宕到谷底，有個一路支持的網友捎來訊息安慰我，信上這麼說：

嘿，妳知道統計上的常態分布曲線吧，在足夠多的樣本下，若我們把認識妳的所有人，跟喜不喜歡妳的對應程度做個統計，理論上本來就會有

百分之三十四點一四的人會有點喜歡妳、百分之十三點五九的人會很喜歡妳、百分之二點一四的人非常喜歡妳（鐵粉）。相反地，普通不喜歡妳、有點不喜歡妳、跟非常不喜歡妳的比例理論上也應該要是這樣。隨著認識妳的人越來越多，母體越來越大，自然每個百分比裡所代表的數量就會跟著增加。

若是我們用這樣的想法去想，好像被討厭也是無可厚非的事情了。

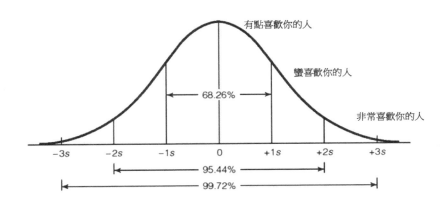

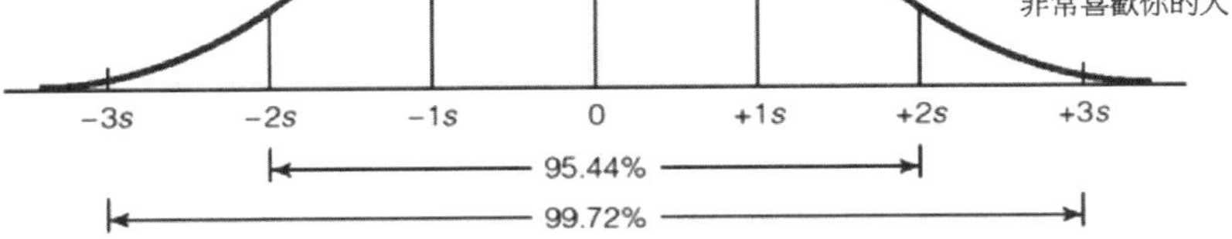

關於這段「被討厭的過往」，你得自己創造歷史定位

那麼，難道我們就該白白被討厭了嗎？

不是的，只是一心活在過去被霸凌或現在被討厭的陰影是沒有用的，畢竟每個人的現在都將決定他的過去。是的，你沒有看錯，是「現在」將決定過去。

就如我們所知，儘管歷史的洪流本身是中立的，但歷史紀錄、評論以及史家觀點卻時常是受到當權掌政的人重新編纂與合理化的結果。好比說，我們不會覺得被一個人性侵或吸毒就能變成美國知名主持人歐普拉，但歐普拉的成功，卻讓她過往悲慘的故事被形容為讓她迎向成功人生的歷練；又好比說，當賈伯斯因為顧人怨和種種原因被蘋果電腦開除的時候，眾人絕對想不到，某天因為他的再創高峰，當時被討厭的姿態反而被形容成慧眼獨具、不從眾。

換言之，與其執著於現下被霸凌或被討厭的狀態，不如想著如何開創新局，當你一旦強大起來，高得像一座別人擊垮不了的山，你就能寫下屬於自己這段被討厭過往的歷史定位。

＊被他人討厭了，我該怎麼辦？＊

1. 試圖站在客觀的角度釐清被討厭的原因，例如是搶奪了資源，或引起他人的不便？若是後者則立刻改善，前者則不必過分憂慮。

2. 試著站在對方的立場與心情，理解他的憤怒。

3. 不必刻意回擊，以免隨之起舞，失去理智，反而使自己被抓住把柄。

4. 繼續維持自己的步調，討厭你的人所受的影響反而比他們影響你更多。

5. 持續往下一個成功邁進，讓自己有機會定位這段難受的過往。

單身生活，
不是學會堅強
就好——

人生最大的陷阱，是舒適

你是不是有時不太滿意自己的現狀，薪水太低、職位等不到升遷，可是卻又不敢放下現有的一切去冒險？你是不是有時會覺得怎麼一個回頭，身邊所有的人都跑得比你還前面，自己卻還在原地打轉？

那天夜裡，我接到一封網友的來信，她是個三十幾歲的輕熟女，信件大意如下：

Q：御姊愛妳好，我是個單身輕熟女，一直很喜歡妳，也羨慕妳的生活，經濟自足又獨立，我原本也是很有信心就算單身也可以過得很好，但這陣子我開始動搖了，月收入只有三萬的我，一直都在當別人的助理，每個月付完房租就沒錢了，更沒辦法過很享受的生活，但我還是很討厭別人說女人就是要結婚生小孩這種論點，請問我該怎麼辦呢？

看著女網友的來信，我想起之前拜訪一位許久不見的老朋友，朋友是個四十幾歲的男性，從學校畢業之後就在一家藝品店做銷售工作，藝品店客人不多，但只要賣出一樣商品，公司就能得到不錯的利潤，我那位老朋友不是個事業心強的人，就在那店裡做了將近二十年，月收入四萬左右，以一個中年男人來說並不算多，所幸他未婚沒有太重的經濟負擔。不過當我這次再看到他時，他整個人面容憔悴不少，「怎麼了？生病了嗎？」我擔憂地問。

朋友點點頭，說自己有憂鬱的傾向，需要靠藥物控制。

「公司這幾年一直喊著要裁員，有時拿我開刀，我求了情之後又暫緩，每個月都不知道下個月還有沒有工作……」朋友說。

「有沒有試著去找其他工作看看呢？」我問。朋友搖搖頭，嘆了口氣。

看他這麼反應，其實我也不知道該怎麼接話，畢竟每個人個性不同，若是我，恐怕早在發現公司經營狀況苗頭不對時就會積極找其他銷售工作了，怎麼可能就這樣放任公司搖擺不定來決定我的命運？但朋友的個性比較執著，一來這是他打從畢業就待到現在的公司，總覺得公司不至於那麼無情無義真的裁了他；二來，他也沒有信心能成功銷售其他物品。於是就這麼等著、等著，留戀那一絲暫時不必變動的幸福感，但每到月底隨時可能丟工作的殘忍現實卻讓他憂鬱了。

朋友的困境和女網友的來信有些類似，他們不那麼滿意現狀，但又感到無能為力或無所適從，並且確確實實地為經濟問題煩惱著。這兩件事讓我思索了很久，不可否認，儘管經濟上的餘裕雖然不能保證幸福，但確實很可能是讓單身生活過得比較有自信、比較舒坦自由一點的重要因素。

於是我開始回想，自己究竟在什麼樣的轉捩點步入經濟開始有所餘裕的日子？這麼說來，俗話說「置之死地而後生」，這句話用來描述我的生活應該相當貼切。

窮到吃土，才擁有不顧一切也要逆轉現狀的勇氣

我並不是一畢業就做著高薪的工作，大學畢業後，也從廣告公司領25K的小AE開始做起，每天工作十幾個小時忙得昏天暗地，當然也經歷過為了別的公司多出個幾K就想跳槽的日子。坦白說，我並不是穩定性高的員工，陸續在廣告媒體產業不同的公司跳來跳去，雖然每到一個新環境就得重新摸索一次，學新的系統、面對新的上司和同儕、認識不同的客戶與公司文化，但由於我挺勤奮又積極，在不同的公司都各自累積了一些小成績，轉職的時候把以前學到的一些技術剛好銜接上，也反映在薪資的調幅。

不過我人生最重要的轉折點，是有一陣子想當純靠版稅過活的作家。

或許你會說：「咦？妳書不是賣得不錯嗎？」哎，儘管書是暢銷了，但因為出版業整體不景氣，現下破個一萬本就算很不錯的成績，跟以往出版業興盛期，銷售動輒幾十萬本起跳、賣紅一本書可以幾年不愁吃穿甚至

買棟樓的榮景已經大不相同，如今即使是「暢銷書」也無法支撐作者幾個月的開銷。

那時我苦撐著繼續寫書，花著之前當白領上班族辛辛苦苦存下來的一點儲蓄，為了省錢，即使住在半山腰上，也捨不得花錢搭接駁巴士下山去超市買生活用品，「一趟來回可要五十元呢！」窮的時候算盤總是打得比較精，一週裡有一、兩天我得花上一小時走路上山、下山，下山的腳程還算快，但買完水果、蔬菜、牛奶時要扛上去可就像在練臂力了。某次家裡的米吃到剩下最後一粒，那宛如即將斷炊的隱憂讓我幾乎要哭了出來。

就在窮到差點吃土的時候，我什麼勇氣都來了，嘗試寫政府標案、去跟各種公司提案、突發奇想地自己開始剪接製作採訪影片，早期的合作夥伴應該都看過我抱著一台Mac就去用筆電內建相機拍攝的樣子。我還記得當時有好幾個受訪來賓看到我「精簡」（其實可以說是簡陋）的設備無不流露詫異的眼光，但他們人都挺好，只是好奇地說：「原來這樣也可以拍

單身生活，
不是學會堅強
就好——

跨出舒適圈，才能挖掘自己的潛力

也是在這樣的時候，我發現業務能力是非常重要的。所謂的業務不見得一定是賣一個實體商品，而是讓對方買單你的想法、被你說服、願意與你有交易行為。即便是古代以物易物的年代，你也得說服對方願意將手上資源有限的產品跟你交換，更何況是現代商業社會。

我知道很多人在出社會之後，非常排斥做業務工作，我自己以前就是，總覺得要追業績是非常恐怖的事，還可能要交際應酬對客戶說些奉承話、開口閉口錢錢錢，聽起來好像不怎麼高尚……總之，試都還沒試就自己築一道高牆。直到後來我自己開始做一些事業項目，有次在面試一個助理，對方劈頭就說：「我不想做跟業務相關的工作。」

「那你想做什麼呢？」我問。

「我想做行銷或是行政。」

那天我彷彿遇到多年前的自己，那個世界見得還不夠多時，便預先幫自己築了一座高塔的自己。

我想你應該會同意，無論做哪一行，沒有新客戶、新來單是不行的。儘管你做的是行銷，若有當過業務便能讓你更貼近消費者需求，業務不只是追業績，事實上業務磨練的是商機的嗅覺、搶單的拚勁、對人性的掌握、氣氛的營造、社交維繫與談判，以及數字概念。換句話說，你可以不做業務，但不能沒有業務力。

當我開始成為發別人薪水的事業經營者後，也逐漸體會前老闆們的心情。必須很坦白地說，如果一個員工沒辦法為公司帶來收入，那麼他的薪水與發展一定會有一個極限，並不是他的工作不重要，而是業務總要有人開發，能讓公司擁有更多獲利的戰鬥團隊，自然會讓經營者願意付出高獎酬。

（為什麼老闆願意給業務高薪呢？因為經營者怕厲害的業務投靠別家或是自己出去開一間公司嘛！那麼為什麼老闆不怕你呢？因為你手上沒有客

舒適圈外就是學習圈，先練功才能打怪

人們普遍想待在「舒適圈」（Comfort zone）裡是很正常的事，從心理學的角度來看，舒適圈就是讓人們沒有壓力、感到舒適、不會引起焦慮的情境，而這種舒適往往跟人們已經「養成習慣」有關，例如在一段長久的情感關係裡，無論是不是已經走到食之無味、棄之可惜的狀態；或是在一個做得很順手但未必能發揮自我價值的工作環境裡。簡單說，舒適圈的安心感來自一種慣性，但並不必然表示人們在其中很滿意，只不過變動要冒的風險可能更大，許多人寧可停留在舒適圈裡。

舒適圈的外圍有一層「學習圈」（Learning zone，又稱成長圈growth zone），學習圈是指當人們在熟悉的狀態之外，去接觸一些新的刺激，例如在尋常的工作之餘，學學其他語言、跳舞、健身拳擊……又或是在職場上臨時支援幾天其他部門的工作，或是換了一個新客戶得稍加重新適應；而學習

圈外面則是痛苦圈（或稱恐懼圈Panic zone），也就是超過了人們的負荷，新刺激太多，造成過度的壓力，使人們心理負擔過荷的狀態，例如指派一個完全沒有數學概念的人會計工作，或是幫一個怕水的人報名游泳比賽。

某天我收到一個朋友的訊息，她比我年輕一些，在一家小型的公關公司做了四年，從菜鳥變成老鳥，進入極度舒適期，「我好怕因為太舒服一輩子就只能這樣了，想去外商大型公關公司看看。」她說。

就我所知，外商公關公司因為服務許多海外品牌客戶，對語言能力要求極高，「妳的英文還可以嗎？」我問。

「英文不太行，聽說讀寫都差強人意，但或許去大公司可以磨練學習吧？」朋友說。

我評估了一下朋友的英文程度，給予由衷的建議：「我建議妳用一年時間，先透過線上學習平台加強英文能力，補充字彙量，訓練英文對話的流暢度，做些準備再轉換公司。」儘管我一向鼓勵大家脫離舒適圈，但就這個朋友的狀況而言，直接去應徵外商大型公關公司恐怕不是好主意，一方面可能在投履歷或面試時就遭遇挫折，二來因為語言程度不夠，很可能一進入公司就被定位成「語言能力不好」的形象，未來分派客戶或升遷都有可能遇到瓶頸，不如先給自己一段準備期，做好至少八成的準備之後再跨越。

即使要脫離舒適圈，也不要勉強自己一步到位，先學習、練功、再打怪，若跳過了學習圈直接跳入恐懼圈，恐怕會有反效果，而讓信心更加受挫。

人生最大的幸福是擁有自己的舒適圈，但最大的陷阱也來自停留於舒適圈。你一定不陌生《孟子》裡的經典名言：「生於憂患，死於安樂」，指的是在憂慮禍患中，人和國家得以成長，安逸享樂反而使之步入毀滅。每當你覺得日子過得平淡無奇或讓自己不再滿意時，永遠不要忘記跨出舒適圈，往更難一點的領域去挑戰，給自己一點高牆去跨越，只要去嘗試，無論如何都必然會獲得成長。

換個角度想，跨越成功之後，你的舒適圈領地便越來越大了。

＊生活中如何跨越舒適圈＊

1. 對現狀不滿意，就是該改變的時候。
2. 時時反省自己還有哪裡需要加強之處，找方法學習。
3. 如果現狀是百分之百，給自己百分之一百二十的挑戰，逐步往上，一點一滴都是進步。
4. 不要總想著「我做不到怎麼辦」，改變你的念頭，想著「事情哪會那麼難」，就是握著一把克服難關的鑰匙。

偽單身時代：
好想找人愛，
卻又不敢認真愛

你曾經愛過一個不願意承認你們這段關係的戀人嗎？那些在臉書交友狀態上儼然單身的人，真實生活卻可能擁有一個或多個交往中的關係。「偽單身」是近年最火紅的交友名詞，人們開始愛上這個「進可攻退可守」的狀態，無法給予承諾，是現代愛情普遍的難題。

某個即將入睡的夜晚，我的手機收到好友安安的簡訊：「他說我們是男女朋友！」我從手機這頭感覺得出安安非常興奮，她傳來一張手機截圖，內容是她跟新男友的對話：「我們到底是什麼關係？」、「就是男女朋友啊。」對方這麼回。

這句「就是男女朋友啊」足以讓安安一整晚雀躍得睡不著覺，「超開心的，他終於承認了！」安安大叫。但有趣的是，她跟這位新男友早已同居了三個月。是的，都同居了三個月，兩人的身分卻還未經彼此認證。

在這通訊息之前，儘管兩人該做的一切都做了，彼此卻仍以「普通朋友」相稱，對外也保持著單身的形象。或許你會懷疑，難道是安安的條件很差讓男方不願意承認？這就錯了，安安不只曾在ＰＴＴ表特版[9]被網友拱為

單身生活，
不是學會堅強
就好

漂亮寶貝，家世也不錯，還有個人人稱羨的好工作。

「所以你們可以向朋友公開兩人的關係了嗎？」我問。

「欸，還是再等等吧！他說這是兩人的私事，沒必要敲鑼打鼓讓大家知道。」安安男友顧慮得也沒錯，但不禁讓人捏把冷汗。儘管戀愛確實是自己的事，但對外保持一種單身的形象，意味兩人仍然打算以單身的狀態與外界互動，好處是不必讓自己的戀情攤在陽光下被議論，甚至可以繼續享受單身福利，樂在因為單身而提升對他人性吸引力的過程，缺點是彼此少了一些約束力。

類似安安的故事其實不少，我有個朋友芙蘿拉，今年三十幾歲，她戀愛時有一道嚴重的陰影，這陰影跟臉書有關。

芙蘿拉的前男友是個條件還不錯的男人，永遠以黃金單身漢的狀態示人，臉書上只有自己單獨騎重機、出國旅遊、開會或是和一大群朋友團體活動的照片，這黃金單身漢的相片裡從來沒有跟女性單獨的合照，「聽說他單

9. PTT Beauty板，音近「表特」，故俗稱「表特版」。

身了七年。」芙蘿拉聽聞朋友介紹的時候簡直不敢相信，學歷、職業、長相都那麼優質的男人居然可以放七年還被她撿到。

兩人認識一陣子之後展開交往，就如同一般戀人，兩人天天膩在一起，放假就四處旅遊，但這位黃金男友卻從來不上傳兩人的合照到臉書，有一回芙蘿拉忍不住難掩戀愛的喜悅，上傳了一張兩人的合照，Tag了對方的名字，沒想到對方事後卻怒氣沖沖地要芙蘿拉刪除照片，理由是「太高調了！我不喜歡」。芙蘿拉淚眼汪汪地刪除了照片之後，心裡突然明白眼前的男人恐怕根本沒有傳說中的單身七年，而是這七年來不知道多少女人跟自己一樣扮演著地下情人的角色。

此後，芙蘿拉還遇到幾段類似的悲慘遭遇，要不是對方死都不願意加入芙蘿拉的臉書，就是要求芙蘿拉撤掉照片，「這些男人明明就單身，到底怎麼回事？」某天我跟芙蘿拉視訊的時候，她一邊灌著烈酒一邊問我：「他們都在假裝自己是單身，他們都在裝！」

類似這樣的「偽單身現象」其實相當普遍，以往當一個人說自己目前是單身狀態的時候，指的是沒有男（女）朋友，當然也未婚的狀態。然而時代不同了，現在當人們說自己是單身的時候，實際情形很可能複雜得多，或許這個人有一個以上的床伴，只是他與所有的對象都沒有認證為男女朋友關係；也有可能這個人其實只有一個固定對象，但兩人因為某種原因而沒有確認彼此是男女朋友，所以也無法說自己「不是單身」。

想愛卻無法給承諾的世代

英文有句常講的話「Single ready to mingle」，意思是「我現在單身，但隨時都進入可以交往的狀態」，那麼你說，Mingle就是一種有男女朋友的狀態了嗎？其實不然。著有《愛無能的世代》一書的德國作家米夏・埃爾納斯特指出，Mingle這個詞如今已演變成一種偽單身的狀態，很多人雖然有約會對象，但並不覺得自己已經屬於對方，也無所謂愛情上的忠貞道義，而是採取開放式關係的方式，與某人交往，但彼此仍各自保有交友空間。

歐洲伴侶之間有一種介於單身與婚姻關係的Partner制度，情侶可以不婚但登記為Partner，登記之後，彼此有法律上的約束，如果一方重病另一方也可以代理他決定醫療方式，有些國家甚至也核發簽證給異國的Partner伴侶。

那麼你問：「究竟Partner跟婚姻有什麼不同呢？」除了名義上彼此不承認婚姻關係，我想其他並沒有太大的不同，甚至有許多伴侶即使生了孩子，還是不婚，或僅僅註冊為Partner。

講白了，Partner跟偽單身其實有些相同的邏輯，未必是為了要對伴侶不忠，但卻是想維持人生一種「進可攻退可守」的狀態。

對現代人來說，不只無力維持一段婚姻，或許連正名一段正式的男女朋友關係都力不從心。

與其說無法為對方正名的理由是因為對方不符合自己的理想條件，其實更大的原因，是無法對一段關係感到有信心。一方面這時代能夠認識新對象的機會太多了，臉書天天一堆新面孔送出交友邀請、交友軟體多得不勝枚舉；二方面也由於人們發生親密行為的速度越來越快，反而使得親密行為不再表示一種親密，更像是一種肉體活兒，也因為門檻低、容易發生，所以取代性也高。

越快速地找到對象，卻反而越快速地感到寂寞，這個時代談愛情像是一種奢侈，沒有人敢輕易高舉愛情的大旗，只因為不知道自己能不能背得起愛情衍生的責任與義務。

偽單身的狀態對許多人來說，像是找到一個舒適圈，既不是真的沒人可以取暖的單身，也並非邁向責任重重的結婚；沒有面臨婚姻的立即壓力，像是一個漂在海上的空瓶子，不靠岸也不下沉，上上下下地晃啊晃。偽單身的狀態對於許多局外人來說，是一種無法界定的狀態，人們可能會這麼談論那些偽單身的朋友們：「喔！他很多男（女）朋友，還沒定下來」、「他還想玩，心還不定」、「也不知道他在想什麼，看起來像單身但我覺得他一定有伴！」、「不懂他為什麼還不結婚」……

單身生活，
不是學會堅強
就好——

單身也恐懼，邁入婚姻也畏懼

偽單身的狀態，恰恰像是處在感情的灰色地帶。多數人總認為情感狀態必須定錨才顯得安穩，也就是要不就單身，要不就往婚姻之路邁進。整個社會越是執著，也造就越多不安的心，有些人生怕自己單身，患了單身恐懼（Anuptaphobia），像《BJ單身日記》裡的布莉琪，怕自己終其一生就此孤老，幻想自己死了好久才飄出異味被鄰居發現；也有人始終懷抱著感覺自己應該結婚，卻又患有婚姻恐懼（Gamophobia），受到父母、他人或媒體影響，生怕結了婚之後會失去自我，或過得不幸福，因為畏懼而不敢改變現狀。

恐懼單身的人，因為需要一個伴，更想符合社會期待，不管自己現在過得快不快活，總想改變現狀步入婚姻，不想成為一個「落後進度」的人；至於婚姻恐懼的人，儘管有個好對象在身邊，卻因為對未知感到焦慮，生怕自

單身生活，
不是學會堅強
就好——

己成為社會上不幸婚姻的複製，而不願改變現狀。

患有單身恐懼的人，可能同時有婚姻恐懼，也就是說，有些人既害怕終老一生，也不願輕易結婚，於是便將形式上的感情狀態界定輕輕放下，過著有不公開的交往對象，以偽單身者的身分的生活，抱持著在感情上且戰且走、開心一天算一天的態度。

承諾恐懼，保護了自己卻傷了愛你的人

「偽單身」與「非單身」的差別在於是否公開認定一段關係。偽單身者明明有交往中的對象，仍然不願對外承認對方的存在，排除惡意想騎驢找馬、欲求不滿的狀態，若是單純莫名無法向對方給出承諾，且不只一次發生這種情形，便很可能是受到承諾恐懼（Commitment phobia）的影響。

任教於邁阿密大學的貝利教授曾在研究[10]中指出，「承諾恐懼者」並不是對什麼契約或承諾都害怕，平時他們可能買房子、車子或長期貸款都沒什麼問題，但偏偏在跟人交往的時候會出現狀況，例如在一段感情裡他們通常可能出現以下徵兆的幾點：

1.他們過往的戀情都挺短暫的，或是都沒有給出什麼承諾。

2.他們不喜歡做太久遠的承諾，只喜歡承諾這幾天或幾週內的事。

3.他們很難回答要不要參加你的聚會或派對，他們也許還是會去，但不

想直接給明確的答案。

4.他們喜歡用很有轉圜空間的詞語，例如「也許」、「可能」、「說不定」、「我也沒說一定不要」、「再看看」……

5.他們很可能有滿活躍的性生活，甚至有淫亂的可能。

6.他們所交往的關係，基本上大多都是沒有去定義彼此是否是男女朋友的那種曖昧關係。

7.他們不會提到「愛」這個字眼。

8.他們不喜歡提到「男朋友」或「女朋友」這種詞彙。

9.他們通常沒有太多親密的朋友，或許他們認識不少人，但真的可以稱得上密友的並不多。

10.他們很難預期，有時他們表現得非常貼心又親近，但有時他們卻疏遠

10. Berit Bogarde, 2015, 'On Romantic Love: Simple Truths about a Complex Emotion (Philosophy in Action)'.

冷漠得可以。

心理學家約翰・格羅爾（John M. Grohol）則在〈何謂承諾恐懼與關係焦慮？〉一文中，指出患有承諾恐懼的人，多半曾有以下的經歷，造成日後的影響：

1.過往曾經有過（或過分懼怕）一段感情沒有預兆突然就被喊停的狀況。

2.很害怕自己這段感情不是一段「對的」或「正確的」感情。

3.曾經有過被拋棄、不忠對待或被虐待的過往，或是過分憂慮這類情形日後將會發生。

4.曾經有被親近的人背叛信任的遭遇。

5.童年時曾經被施虐。

6.童年時常有需求無法被滿足的狀況。

7.成長的時候，家庭裡有一種比較複雜的權力關係，很可能是有某個非常強勢的父親或母親（或祖父母、任一家庭成員）決策了一切。

整合約翰・格羅爾和貝利兩位教授的研究，不難發現承諾恐懼者本身也是過往經歷的受害者，因為曾經被不當地對待或背叛，或因為懷抱著過高的期待，太渴望自己一次「做對」，因此被綑綁而無法給予他人適當的承諾。在他們的心裡，承諾太可能被推翻了，更悲觀一點的人說不定甚至認為「承諾根本是等著要被推翻的」，也因此，他們不願再給出承諾，對對方和對自己都沒有信心，不明確的關係反而給了他們一種安全感。

然而當他們遇到全心全意付出，且樂於給承諾的伴侶時，卻往往可能因為身上帶著滿布的刺而扎傷對方，使深愛他們的人痛苦不堪。

倘若，愛上了一個承諾恐懼者……

或許理想上來說，承諾恐懼者若跟同樣是承諾恐懼者交往是最好的狀況，你不想給承諾，我也怕你來要承諾，兩方對這段關係都無所求，聽起來皆大歡喜。但偏偏這樣的情況並不多見，真實情形總是一方被另一方糾結得死去活來，百思不得其解，究竟出了什麼問題：「他是不是不愛我？」或：「我是不是不值得被他認定？」

我時常會收到類似情形的網友來信，此時我通常會請他們做好一些心理準備：

1. **逐漸降低對對方的期待**：儘管我們可以體諒對方可能在人生中有些不愉快的經歷，使他對做承諾感到恐懼，然而硬是要把自己過高的期待加諸於對方身上，恐怕最後也可能只是落得一廂情願而已，不如開始把自己的期待降低一些，讓雙方都不要對這份感情有過多壓力。

2.**機靈而不逼迫對方：**有些人覺得談戀愛就是應該昭告天下或讓對方的親朋好友都知道，然而面對一個對承諾恐懼的人來說，或許要能進行到這步並不容易，有時就算你見到了他的親朋好友，也因為他只以普通朋友相稱，你根本無法得到正名。此時不妨機靈一些，靠著一些小心機來讓他人發現你們的關係非比尋常，然而若遇到死硬派，堅持不給名分，你可得心臟堅強一點。

3.**不要揪著對方說「你有問題」：**好了，現在你看到「承諾恐懼」這個專有名詞了（也或許你之前早已聽過），切忌跑去對對方劈頭就說：「欸，我覺得你根本就是承諾恐懼症！」要是改變一個人這麼簡單的話，心理醫師和諮商師就不必這麼忙，要跟病患一約再約了。不妨試著從他信賴的朋友下手，請他的朋友提醒他這個可能性，避免由你作為當事人而挑起對方的防衛心。

4.**試著溝通彼此的想法：**將你的心意好好陳述給對方理解，並試著讓對方感受生活中擁有彼此是利多於弊，試著多聽對方如何表達他對感情的想法以及不安之處，藉以調整腳步。

5.**不要死守對方：**對於承諾恐懼者來說，對感情缺乏安全感是他們的卡關之處，他們容易跟主動性格的對象在一起，藉由對方積極的作為來感受到安心。倘若交往中的女孩（或男孩）每天都主動傳訊息、邀約見面，他便會感到安心，也因為安心而持續原本忽冷忽熱的狀態。若遇到對方開始不聯繫，他們有可能會感到不安，而主動與對方聯繫，但悲觀一些的人也有可能乾脆放手。

不要死守一個無法做承諾的對象，同時也是給自己的愛情一條活路。

在偽單身遍布的時代，不願意被承諾的關係，反而因此被突顯出其中的真實。

＊避免讓自己陷在偽單身泥沼＊

1.告訴自己，「我值得，也應該被光明正大的對待」。

2.交往之初彼此就應該溝通只接受「一次一個」（不與他人重疊）的約會關係。

3.若已陷入這種關係，則應該開放自己認識他人的機會，降低偽單身者在自己生活中扮演的重要性，適時斬斷。

4.不要鑽牛角尖，也不要懷疑對方不公開是因為自己還不夠好，更不要抱著賭徒心情一心想拗下去，期待對方回頭，那不過是跟一個沒那麼愛你的人浪費生命而已。

5.請記得：一個沒有擔當承認感情現狀的人，常常會裝得一副自己標準很高的樣子，其實說白了，他只是一個不知道自己想要什麼的人。

樂觀者的邏輯

你覺得自己是個樂觀的人，還是悲觀的呢？你是不是常懷疑那些成功者的自信不知道哪裡來的？其實樂觀的人只是在做一件事情之前，沒有你想得那麼多而已……

我時常被朋友認為是無可救藥的樂觀主義者，在他們眼裡，我這「衝動派」總是在行動之前想得特別少，最常掛在嘴邊的話就是「事情哪有那麼難啊？」然後，我就手刀去蠻幹了。

雖然不能說十之八九都能成功，但十之六七的成功率也挺不錯，因為回頭一看，我那些深思熟慮的朋友們還等在原地思考要不要出手。

就拿前陣子去沖繩旅行的案例來說吧。

眼見行事曆上空出幾天不必工作的日子，真是令人興奮，我內心盤算了一下該去哪裡偷閒，最後選定近如台北後院般的沖繩，短短幾天假，實在不想貢獻太多比例給飛行時間。

單身生活，
不是學會堅強
就好

既然是去沖繩，自駕開車就成為旅途中重要的一環。沖繩說小不小，說大不大，本島從南邊那霸機場到最北的邊戶岬大約一百二十八公里，開車約兩小時。不過若想靠大眾運輸又太不便，捷運只通小小的那霸市區，到海邊景點都要搭公車。

多年前我也來過沖繩一次，在烈日下等候久久一班的沖繩公車，差點沒變成柏油路上一片烤焦的魚乾。

這次，不如租車自駕好了。我內心打定主意。

「什麼？不好吧！妳多少年沒開車了啊？何況出國開？」身旁的朋友聽到我打算去日本自駕，紛紛投了反對票。

「五、六年吧。」我說。

「而且日本是右駕耶！」朋友強調，「上次我們去日本，我老公要轉彎一直打成雨刷，還衝入對向車道，因為日本是靠左開。」

「那就是我的優勢啦，妳想，因為平常太習慣左駕，所以才會有適應不良的問題。」不知道該說我少根筋，還是天生配備了極度樂觀的DNA，總是看到事情光明那面，「我連左駕都不熟了，從右駕複習起剛好不會有慣性問題……」

家人知道我的計畫之後，在電話那頭從頭碎唸到尾，足足三十分鐘，掛了電話之後，我便火速在十分鐘內租好車。這行徑可以被美譽為獨立自主，又或者……太過我行我素，正所謂「歷史是由後人定義的」大概就是這種道理：你若成功，歷史便給你一夫當關的美譽；你若失敗，歷史就說你一意孤行終至如此。也因此，此行務必順利駕駛，「安全回家」不只成為基本要件，更是攸關我是否能在鄉親父老前繼續立足的關鍵。

是的，為了好好做功課，我認為自己必須掌握右駕的精髓，並且達到人車合一的境界，於是我……開啟了Youtube。

「拜託，看Youtube複習開車？我還看書學游泳咧！」朋友大呼。

Come on，學東西是要有創意的。比方說，阿嬤怎麼知道我們可以看部落格學做菜、媽媽也想像不到我們可以看Instagram學化妝。看影片學右駕哪有什麼稀奇？

事實上，Youtube上以第一人稱開右駕的影片真是不少，這些影片會帶你一次又一次地轉彎，右駕最容易讓人混淆的「左轉小彎，右轉大彎」（跟台灣剛好相反），光空想確實會讓人有點緊張，但多看幾次影片，便覺得根本不難，只是上路時要不斷提醒自己就是了，還有汽車公司甚至拍了日本開車教學影片給他國駕駛學習。

飛機落地後，租車公司便用一輛大遊覽車將一群群租車客人從機場載送到租車公司取車。

「妳一個人來玩嗎？」幫我服務的一位年輕女營業員會說中文，聽起來是大陸口音。

「是啊。」

「哇，好棒喔！」她的眼神閃爍著光芒，我大概理解她的意思，眼見後方所有的租車客幾乎不是情侶一起同行，就是扶老攜幼、一家老小地來沖繩，我一個女生戴副墨鏡，穿得一身簡約，拎著一個包打算遊島度假，格外引人注目。

一個女人為自己安排一趟小旅行，在外人眼中確實是有種浪跡天涯的浪漫。

順利取好車，我坐在駕駛座，腳踩在油門上，

單身生活，
不是學會堅強
就好

左手握著排檔，深深地吸了一口氣，心中湧起一股不成功便成仁的悲壯感，「能否有顏面回去面對江東父老就靠這次了。」打到直行D檔，輕輕踩了油門，慢慢開出停車場，我的內心奏起了交響樂，這部租來的豐田油電混合小白車似乎也有所感應，發出了輕輕的嗶嗶聲附和著我，只不過嗶得有點久，「啊！原來手煞車忘了放！」

很多事情想起來很困難，但執行時只要小心謹慎，其實根本沒這麼障礙重重，在沖繩開車就是一例。由於人車都相當守規矩、號誌清楚、導航靈敏、路面平整、人口不多等種種因素相加，在當地駕車真是極為舒服。我的手握在方向盤上，宛如潘科赫斯特[11]手上握著選票那般充滿了被賦予大權的喜悅，那種美妙的感受是搭乘捷運、公車、飛機都難以取代的，更不用說坐在汽車的副駕駛座或後座，倒不是想在公路上逞兇鬥狠，我只是想帶自己走

11. 艾米琳・潘科赫斯特（Emmeline Pankhurst）為十九世紀女性主義者，助英國女性贏得投票權，為婦女參政運動重要領導人。

更遠的路，去任何想去的地方，不必等著誰為我發動一部車。

幾天的旅途結束後，我帶回滿滿的回憶與許多漂亮的照片，自己開車特別有機會找到非觀光客聚集的海灘秘境，「哇，怎麼這麼美？」「好羨慕喔！」「太強大了！」朋友們用不可思議的驚呼聽我分享一路的經驗，而我內心最大的領受，其實是「相信自己、謹慎準備、勇敢去做」。

有時我們過得不開心，是因為太把「別人的不看好」放在心上，於是我們既不開心，卻又受了影響裹足不前，生怕被旁人說中沒有好結果。可是親愛的，他人的判斷，反映的只是他個人的生命經驗，以及他對自己的投射，只有你才知道自己真正的能耐。**人生的每一刻都在冒險，改變是一種險，不改變則是另一種險**。

別人的擔憂、不看好，其實是一種祝福，除了使你更加小心，也讓你有機會突破高牆內的自己。

噢～對了！回台灣的第一天，我便訂了一部車。

＊樂觀者面對新挑戰的想法＊

1.看起來很有趣，好想試試看。

2.別人都成功過了，一定沒有那麼難（既然別人都做得到，我一定也可以）。

3.就算前面幾次有點小失敗，但吃燒餅總有掉芝麻的時候，不礙事。

4.找一個有經驗的人尋求意見吧！

5.被別人唱衰、不看好時，先別急著放棄，試著分析那些人到底有沒有執行這個項目的相關經驗，如果沒有，就把他們的意見先擺一邊。

6.大膽假設、小心求證、謹慎執行、全力以赴，成功總會在前方。

7.以前的失敗都是這次即將成功的養分。

8.就算努力之後還是失敗也沒關係，學到的教訓都是金錢買不來的寶貴人生歷練。

九十五分的獨身生活

你也是獨身族嗎？是不是有很多人跟你說：「雖然你現在過得也不錯，但希望你趕快找到對象，人生就一百分了！」呢？儘管你對生活也沒有什麼不滿，但又彷彿好像還不夠圓滿，我們都像是過著九十五分的獨身生活，然後外人總覺得，還差那五分，不如快快補上吧……

今天的攝影棚不知怎地特別冷，估計應該不是跟主題有關，雖然「大齡女子單身不結婚」這題目確實讓人心驚，但曾幾何時，我居然成了人們口中的大齡女子。或許這麼說太樂觀，但三十四歲不是人生剛過三分之一嗎？

「所以，妳覺得自己找不到對象是因為眼光太高嗎？」主持人問。

「雖然不可否認有點這樣的成分，但我覺得這並不是最主要的因素。」我說。

「那麼是？」主持人追問。

「最主要是我實在太滿意現在的生活了……」我說的是實在話，一個人

單身生活，
不是學會堅強
就好

生活最迷人之處就是自在，全然是自己的。

例如說，工作了一整天之後，拖著疲憊的身子回到家，我幾乎已經累到再也不想說半句話，此時看著可愛的狗兒子瘋狂搖尾巴顯示歡迎，已經滿足了我「需要被需要」的微小慾望，再多一點也不行，畢竟「被需要」若是過多，不免就變得沉重。此時我會為自己簡單地做一道營養不怎麼均衡，但口味極可口的義大利麵（例如香煎豬五花烏魚子、松露蘑菇搭炸蒜片乾辣椒之類的），麵條是上次一個人去旅行從佛羅倫斯市場裡採購回來的波浪寬麵，搭配朋友送的西班牙頂級橄欖油，配上一瓶香堤產區的紅酒或倫敦Fortnum & Mason伯爵茶，用五十五吋大螢幕看著心愛的美劇，一集追過一集，「連續看會不會太過分了呢？」「還好吧，辛苦了一天了呢！」如此這般自問自答，約莫兩秒之間可以和自己達成繼續墮落的共識。

有時好姊妹或朋友會突然傳訊息問我方不方便聊天視訊，若還有點餘力，我便會回撥給對方，開心地聊上一整晚；但倘若今晚只想獨處，我便會將手機

單身生活，
不是學會堅強
就好——

關成靜音，明日再回覆。接與不接之間沒有什麼準則，就是順從心裡的想或不想而已。看完電視通常就是看書或上網的時間，報名了幾樣線上課程，不斷吸收新知的感覺讓人特別愉悅，或是查查下一個想出國旅遊的景點，我的旅行通常很隨興，前一個月才說想走，下一個月就立刻行動，不需要向誰報備。

一個人的生活像個自治區，你說好，就好了。沒有人會擺臭臉給你看、沒有人會白眼你、沒有人會唸你浪費、沒有人會酸你兩句、沒有人會說他不喜歡你就得配合。

「有沒有哪些時刻會讓妳特別想要結婚有個伴呢？」主持人又問。

主持人的問題其實有些陷阱，對現代人來說，「結婚」和「有個伴」是不同的。很多人有個伴但不想結婚，當然也有很多人明明結了婚，卻孤單得好像沒有伴。

「想有個伴」這種念頭確實偶爾會出現在我們這種獨身生活的人腦中，特別是在生病期間。

那是某個冬季深夜，我正趕稿趕到一半，不知怎麼突然覺得心臟揪緊，很不舒服，需要大口大口地呼吸。我試著側躺在沙發上讓身體稍作歇息，但因為實在太難受了，眼淚止不住地滑落，後來甚至覺得冷，身體忍不住顫抖，瀕死感出現在我的腦中揮之不去，用盡所有的力氣拖著身體，奮力伸長手臂，終於抓到暖氣的遙控器……當我再次睜開眼的時候，已經是第二天的清晨，究竟前一天晚上是昏倒還是睡著，我至今仍然無法確定。

又有一次，因為吃了不乾淨的海鮮，居然全身起了大大小小3D立體的蕁痲疹，半夜緊急掛醫院急診，挨了一針抗組織胺，當晚好睡是好睡了，第二天紅疹居然不敗，繼續纏鬥，從原本的手腳關節附近，逐漸蔓延開來，連肚子、臀部、脖子全都是，眼看著就要爬到臉上，我簡直急得要瘋了！吃藥無效，而蕁痲疹偏偏每到半夜發得更為嚴重，一入夜我總要掙扎該不該再去急診打一針？第三天挨了一針類固醇，第五天再挨一針，就這樣最後全面淪陷了一週，什麼正餐都不能吃，狂吞藥，一週後大概因為打針吃藥的關係，

單身生活，
不是學會堅強
就好

全身浮腫、體虛，但蕁痲疹總算消了。

在這樣的時候，確實會讓人思索，如果能有一個伴在身邊確實是挺不錯的。無奈這種心情通常持續到病癒就會煙消雲散，對我來說，獨身不代表不談戀愛，只是戀愛的終點不必然要是婚姻。

不夠明白世事的時候，我們的戀愛觀和婚姻觀都是從別處道聽塗說而來，因此很多人對戀愛和婚姻抱著截然不同的期待，前者是兩相情願，後者是你自己甘願。「你都已經結婚了，當然應該要如何如何……」或相反地：「你都已經結婚了，當然不可以如何如何……」每對已婚的佳偶當初都覺得自己領到愛情證書，甜甜蜜蜜地走入婚姻，但前方等著的卻是滿滿責任義務的婚姻，反倒像是懲罰這段美好愛情般存在。

不知道是不是因為自己之前曾走過這段路，如今我對愛情與婚姻看得特別淡然。婚姻有兩種意義：「實質層面的法律意義」和「精神層面的神聖意義」。就法律層次來說，婚約保障得了權利義務，卻保障不了彼此的愛情永續；就精神層次來說，你得讓一個人用他最自在的方式活著，這段婚姻對他來說才是幸福。若彼此都能尊重對方的生活方式，說真的也不需要用婚約綁著了，我們都明白，將沒人能取代這段自在的關係。

「希望有一天妳會找到對的人。」這是我常常聽到的一句祝福，儘管我

單身生活，
不是學會堅強
就好

的獨身生活已經美好得宛如九十五分，但很多人總希望我能找到某個對的人，再加個五分湊成一百。恕我掃興地這麼說，事實上這樣的期待是不實際的，正是因為沒有另一個人，所以目前的生活能有九十五分，若是非要兩個人組成一個單位，恐怕不會變成一百，而會變成七十分，例如你想做的不能做了，對方想做的你偏不想讓他做；你不想做的對方期待你能去做，對方不想做的，你覺得他若是在意你就應該去做。

與其兩個人在一起卻只能擁有七十分的生活，為什麼不好好珍惜目前自己擁有的九十五分獨身生活？

或許吧，哪天真會出現那麼一個人，讓你甘心樂意地想交換現有的狀態，「即使變成七十分我也願意！」那表示你真的準備好了，就儘管放手勇敢去愛吧。

常見說服他人脫單的幾點迷思

1. **快找一個對象，生病才有人照顧**：抱持這樣的想法，無異於抱著買保險的心情在找對象，然而實情是，儘管找了一個對象，生病時對方也未必會（或未必有能力）照顧你。許多事情必須學習自己面對，若有其他人能在一旁照顧，是額外的幸運，而非他人理所當然為你付出。

2. **這個年紀，該結婚了**：事實上「適婚年齡」的概念往往取決於所屬的社會環境，例如非洲或印度等國家時常有十幾歲就結婚的例子，台灣與日本等地平均婚齡則趨近三十歲，超過三十幾歲才結婚也已是常態；歐美地區四十幾歲，或終身不婚者並不少見。越認為個體價值凌駕社會價值的社會，往往也對步入婚姻產生更多猶豫：「結婚是否能真正為自己帶來幸福」、「婚姻是否能讓自己活得更趨近理想中的自己」是比急著在適婚年齡時抓個貌似適合結婚的對象更重要的事。

3. **組成家庭是人生最重要的事：**最早的婚姻制度其實是因為物資缺乏環境險峻，基於群居與生存需求，獲得額外生產力的方式。隨著時代演變，婚姻本身也被賦予多種不同的實質功能，例如戰事策略（例如中國和番、歐洲王室跨國婚姻）、商業聯盟、生養眾多擴大家族人口，隨著現代物資豐沛，社會文化轉而鼓吹自由戀愛的必要與偉大，婚姻逐漸被視為是雙方愛情的終點獎牌。只不過，若將步入禮堂視為領到一張愛情獎牌，那麼組成家庭以及其後所面臨的考驗，是否將被視為挑戰這面獎牌的荊棘呢？組成家庭若少了傳統上為了生存、聯盟策略或壯大家業不得不為的理由，那麼，婚姻是不是人生必然的選擇，或許也有了值得思索的空間。事實上，多數現代人都是渴望能夠創造出一個「能被需要、被無條件地愛著，自己也能放心去愛的家庭」，而選擇結婚。因此，倘若想脫離單身的理由，是因為已屆適婚年齡，覺得該結婚而想結婚，反倒是削足適履，理應是等候出現一個讓你能無條件去愛也真正愛你的對象才考慮婚姻。

內向者的
勇氣

你是那種獨處比跟一群朋友在一起更開心的人嗎？你是怎麼約也不想去唱ＫＴＶ的人嗎？你是寧可靜靜讀本好書也不想外出社交應酬的人嗎？或許你從來不覺得自己內向，但有時你卻隱隱約約地感覺自己似乎有孤僻的傾向，如果可以的話，一個人躲在洞穴裡隔絕外界似乎也是個不錯的主意？

我一直以為自己是個外向的人，至少，從小到大我是被這麼教育的：「妳好會演講，都不會害怕」、「妳在大家前面彈鋼琴台風好穩健」、「妳都不會怯場，有這種人格特質真好」……然後所有的人都覺得我是舞台型的人，他們建議我當主播、當演員、當補習班老師、當任何可能出現在鎂光燈焦點下的人。

可是旁人終究不是我。

只有我自己知道，我光是在教室舉手發言都會緊張到胃絞痛；上洗手間不敢讓人聽到噓噓的聲音；我不是喜歡當眾彈琴給大家聽，只是怕邀請我的

單身生活，
不是學會堅強
就好

人不高興；演講比賽的穩健台風是幾百次練習下來的麻木。當然，很多事雞生蛋、蛋生雞，或許一開始只是想盡責做好，得到讚美後又壯大了自信心或得到成就感，一次又一次，原先的內向特質就會得到一些疏通。

可是我依舊不覺得大家認識的我是真正的我。這種外界認知與內在定位不和諧的狀態，往往會讓生涯規劃的每一步走得矛盾異常，「好像應該要怎麼做，但卻不想那麼做……」總覺得生命像是兩個自我在拉扯，一個自我希望自己如同他人期待飛得又高又遠，另一個自我則希望能夠放過自己一馬，想盡可能地躲起來。

你知道自己該努力融入大家，並內化他們的期待，在群眾間發光發亮有所表現，但心中卻一直有股衝動想要熄滅所有的光源，留下一盞小燈，在腳邊。

這種衝突感的拉扯也反映在職場上，這幾年因緣際會出了書，我經營自己人數不算少的粉絲團，每週都會出現在電視節目擔任專家來賓。在眾人前我笑容燦爛，說話逗趣，但在螢光幕後卻常常比誰都安靜。有時看著其他來賓或工作人員在後台閒聊生活瑣事，總是萬分羨慕，但又害羞裹足不前，除非這節目已經上了一年多，我才能感到自在一些。「妳真的是個好慢熱的人耶！」常遇到的同台財經專家曾對我這麼說。

慢熱、距離感都還算是好一點的形容詞，小時候總離不開我的標籤是高傲、冷漠、不合群。對我來說，「怎麼樣開口講出適當的話」、「讓大家覺得我的話語得體、讓人開心」是我在開口前必須反覆思索再三的事，然而往往等我準備好了，大家也早已散場。

我的內心很炙熱，卻不知道該怎麼向外界表現出那樣的溫度。直到閱讀了一位精神分析博士寫的書《內向心理學》[12]，終於讓與我共存三十幾年的人格特質有了精闢的解讀。

書中提到許多人是內向型人格卻不自知，原因在於社會對「內向」這個詞往往給予了偏負面的意涵，「不擅交際」、「不懂人際互動」、「無法在眾人前自在」……卻鮮少著墨內向者往往擁有更強的觀察力、專注力等特質。書中提及，每個人的內向和外向特質並非截然二分，更像是一個連續光譜，會落在某個區間，內向者最明顯的特質便是「需要多一點的思考時間」或「獨處的時候較能夠幫自己充電」，但這並不代表內向者無法從事社交活動，只是他們在人多的環境，或是需要高度與他人互動的狀態下，精力損耗較快。書中指出，許多內向特質較明顯的人依舊從事舞台前的工作，例如女演員葛妮絲・派特蘿、籃球明星麥可・喬丹等人。

在資本主義與個人主義盛行的社會裡，「成功」的定義往往傾向外向型人格特質，「樂觀」、「敬業樂群」、「有領導力」、「團結力」……這樣的社會期待壓得內向特質的人們喘不過氣，他們被迫永遠要受到眾人注視追逐，並對眾人之事遊刃有餘。

12.《內向心理學》（The Introvert Advantage: How to Thrive in an Extrovert World），瑪蒂蘭妮博士著。

內向者的光芒，總是點燃於獨處的時候

寫下《哈利波特》的作者J. K.羅琳是個典型的內向者，當然，二十年前在她寫下這本書之前，她從來沒想過自己有天會從領清寒補助的單親媽媽搖身一變成為名揚四海的作家，如今哈利波特從魔法世界跨足我們的世界已經二十年，光是系列書籍全球就賣破四億本，翻譯成六十八國語言，更不用說翻拍成電影的天價票房、商品授權金，就連美國加州和日本大阪環球影城都有哈利波特主題樂園。

故事裡魔法世界的起點或許是九又四分之三月台，但現實中，哈利波特這整個魔法世界的起點卻得由一班從曼徹斯特開往倫敦的誤點火車說起。J. K.羅琳從六歲就開始喜歡寫東西，不過從來沒有一次像那天一樣，讓她自己興奮到不行，在等著這班誤點的火車時，她看著來來去去的乘客們，開始在腦子裡胡思亂想：「那些走來走去的乘客裡，其中有一個相貌平

單身生活，
不是學會堅強
就好

凡的男孩，不知道自己真正的身分其實是屬於魔法世界的一員⋯⋯」這個點子在J. K.羅琳腦海中膨脹得越來越大，她想用筆記下來，但包包翻來翻去，天啊！自己居然沒帶筆。

「該跟別人借筆嗎？」她在心裡掙扎了一會，看了看四周，但她實在太害羞了，連跟別人借筆的勇氣也沒有，於是她只好把所有的想法都放在腦海裡，就這麼連同等火車、搭火車的時間，足足有四個小時，她一個人默默地構思著整個魔法世界。你或許永遠無法想像，一個害羞得連筆都不敢借的女人，居然創造出魔杖、分類帽、四個學院、各種珍禽異獸和無限擴展的劇情；一個連跟隔壁鄰座開口都無法做到的女人，她腦海中的世界竟然比誰都豐富。

除了J. K.羅琳之外，愛因斯坦和比爾・蓋茲也都是眾所周知的內向性格者，愛因斯坦到了七歲仍然說話說得不順，進入學校就讀時話也不多，老是在一旁靜靜地聽，一副邊緣學生的模樣，不過十二歲就開始研究微積分的

他，卻在數學和物理擁有超凡的表現，愛因斯坦曾說：「或許平凡單調的日子有些無聊，但這樣的時刻卻是我發揮創意最好的時間。」

比爾・蓋茲則是打破其他人認為內向者普遍害羞、無法社交的例子，雖然比爾・蓋茲確實就是個內向者性格，他喜歡安靜，熱愛窩在書堆裡，但要成就像微軟這樣巨大的事業，與人團隊共事、擁有社交技巧當然是必要的。比爾・蓋茲試著讓自己能夠與人合作，並且找了一些能幫助他管理團隊、拓展事業的夥伴一起共事，例如他就曾在訪談中提及：「內向者當然有很多好的地方，例如可以獨自思索艱難的問題、閱讀大量的參考資料，但當你要建立一項事業的時候，你得尋求外向者的協助，例如史蒂夫・巴爾默[13]就是我很好的助手，他是個典型的外向者，一個公司領導者必須要能想得深遠，但同時也要建立起一個團隊，向全世界銷售我們的商品，內向的人跟外向的人必須搭配在一起才能成功。」

肯定他人也接納自己，內向者要珍視自己的能力

我不知道你是否跟我一樣（或你周遭是否有人跟我一樣），我們是內向型人格，但很努力地活著，並且沒有從戰場上逃離。對我來說，與外界熱鬧地戰鬥並與內心和平共處，彷彿一輩子的功課，但一路走來總算掌握到一些訣竅。

首先，學習「讚美他人和自己」是必要的。

一個內向者得到越多肯定與讚美，便越能克服他在眾人前的不適感，歌手蕭敬騰是最經典的一例，當年他還沒沒無聞，我在民歌餐廳已聽過他駐唱，你永遠無法理解，為什麼有個人可以把〈One night in 北京〉唱得這麼淋漓盡致，卻緊張得連一句話都說不好。多年後，他歷經大量受訪與歌迷無盡鼓勵下，終於找到在大眾前比較自在的一種態度。

13. 史蒂夫・史巴爾默（Steve Anthony Ballmer）於二〇〇〇至二〇一四年擔任微軟執行長。

他人的讚美是一帖速成藥，然而，不懂得讚美他人的人也較難被肯定，你得先從學習觀察別人的好，並不吝給予支持做起。找到他人值得肯定的地方，正面給予讚美是一種最好的溝通與反饋，當那些被你讚美的人感受到被肯定的美好時，他們也將可能更樂意讚美別人。

其次，你得跟自己和解，坦然面對擁有內向性格的自己，坦承自己需要獨處。很多人明明就喜歡自己一個人獨處的快樂，卻又用理智告訴自己，必須讓生活過得「豐富精采」，因而總是得不到足夠的時間充電。坦然面對自己內心對獨處的需求，別預設外界的評價局限自己。嘿，請記得，獨處不代表孤僻，孤僻不代表孤獨，孤獨不代表失敗，那只是反映現下的某種狀態。

最後，你得要有敢於成為一個內向者的勇氣。

或許這個社會主流價值觀仍然吹捧那些樂於活在團體裡盡灑個人魅力的嗨咖，但我相信你從來就不真心覺得世界的解答只有一個。既然如此，那就勇敢活出自己的樣子。不為了掌聲，不為了期待，人生不是一個考題，沒有「答對」或「答

單身生活，
不是學會堅強
就好

錯」，只有選擇，選擇讓自己活得自在則是通往開心唯一的路。

如今我很享受作為一個內向者，儘管我還是必須面對群眾，但我開始學著欣賞工作與生活之間巨大的反差感，幻想自己是一個充滿衝突美感的存在，好像帶點某種奇幻的色彩或哲學的隱喻，彷彿那樣的衝突與矛盾也有點詩意，也有點美好了。

* 給內向性格者的生活建議 *

1. 每天給自己一段獨處的時間，把手機設成勿擾，擁有專屬自己的幾個小時是不必愧疚的。
2. 試著一個人旅行，不必跟誰交代行程，也不用在意他人是否滿意，即便只是一個人在異地放空，也能非常療癒。
3. 不要逼自己刻意非得喜歡誰，或變成善於社交的人，只要能保持微笑就是禮貌。
4. 除了看書之外，聽聽音樂或有聲書也是獨處時不錯的消遣，一點點聲音就像是與人有所連結，對內向性格者來說，那樣就夠了。
5. 線上（遠距）學習課程是非常適合內向性格者可以進行的活動，無論是語言、專業科目或線上演說都可以讓內向性格者在一種不被外人打擾的狀況下，靜靜地學習。

6.試著欣賞外向性格者的優點，但不必模仿對方，或覺得自己不夠好。他像弓，你像盾，上了戰場弓與盾都很重要，缺一不可。

誰說當母親是女人的天職？

妳是否常聽到人們說女人要趕快結婚，否則變成高齡產婦就慘了，好像生孩子是妳人生的預設值，彷彿生孩子是應該的？當妳結了婚，是否人人都在鼓吹妳生孩子，生了一個還催妳再生第二個，無助的時候，內心不斷回想到底為什麼自己會變成現在這樣，但光是一絲後悔當媽媽的念頭都足以讓妳產生罪惡感，彷彿一個人母居然後悔當媽媽是多麼不負責任的念頭？

我一個人孤零零坐在婦產科醫師的眼前，眼神聚焦在桌面的檢驗報告上，報告上某個項目呈陽性反應，「請問，這是什麼意思？」我問。

「這是風險最高的項目，意思是妳有四分之一的機率會在三年內得到子宮頸癌。」醫師清楚而緩慢地說：「所以我們今天必須進一步地檢測，確認妳目前的狀況。」

「等等，那其他四分之三的人呢？」消息來得太過突然讓我的內心有些震驚，一直以來我總覺得健康檢查不過就是例行公事，紅字永遠是那些降也降不下來，但和平共處倒也相安無事的膽固醇，從來沒有料到某天自己的身體各處都開始冒出一些或大或小的警訊。

「其餘四分之三的人有機會靠著免疫系統的力量自癒而不出現問題。」醫師邊說邊向我解釋，子宮頸細胞切片的結果可能分成「正常」、「病變期」（又依據程度輕重分為CIN1、CIN2、CIN3）、「癌症零期到四期」。

「所以……」我深吸了一口氣，停了五秒，感覺自己強忍著情緒，「如果檢驗結果我得到子宮頸癌的話，我是不是有可能需要把子宮摘除呢？」不知道為什麼，說著這句話的時候，我覺得自己的鼻息跟眼眶都熱熱的，「才三十五歲就要面臨這樣的事了嗎？」我的心裡不斷激動吶喊。那瞬間我很希望有個誰可以按著我的肩膀，告訴我：「沒關係的，子宮只是小事，妳的健康最重要。」可惜我只是一個人獨自坐在醫生前，看著診療間優雅而蒼白的布置。

「如果情況很嚴重的話，是有可能，不過應該不至於那麼嚴重。妳想當媽媽吧？」醫生問。

說實話，不想。而且是這輩子從來沒有想過。

或許你會說：「既然不想，那拿掉子宮也沒什麼大不了的吧？」錯了，即使是我這樣從來沒有把生小孩放在人生規劃裡的女人，在聽到這種消息時，仍然感到難過與不知所措，難過的是自己的身體出了狀況，不知所措的是萬一真要摘除子宮，真不知道未來該怎麼面對身邊的人。

儘管子宮是個人身體的一樣器官，屬於私領域，但在我們的社會裡，仍然覺得子宮是一種共享財產，婚後共同持有。多數人認為一對佳偶結婚後就應該往生子之路邁進，你一定常聽人說：「不生孩子？那你幹嘛結婚？」孩子被視為是結婚的必然產物，又或者說，你結了婚就像是簽了願意生孩子的同意書。

當我意識到有一絲絲機率可能必須拿掉子宮時，不瞞你說，那瞬間我的腦海裡立刻浮現，未來我可能必須要跟任何約會的男生都預先報告：「不好意思，我有車有房有好工作，但我沒有子宮了，如果你介意的話我們就不要繼續約會。」

儘管這些男人一開始並不是來跟我的子宮約會，但倘若兩人都產生感情想往下一步發展，這才發現原來有不能生育的情況發生，難免有些人會覺得受騙或失落之感。

你說「不想」生孩子，跟你說真的「不能」生孩子，仍不免被視為兩種情節輕重不一的狀態。當人們力倡「身為母親是女人的天職」時，背後隱含的意思其實是：女人如果不願意（或不能）生育，就是失職。

如果這是一份天職，學不會就是自己的問題？

很多女人若宣稱自己不想生孩子，常常會引來「自私」、「還想玩」等負評，旁人可能會說「生了自己的就不同」、「當媽媽才會讓一個女人完整」……換句話說，沒有生孩子的女人被視為不完整、殘缺的，孩子宛如一個女人在生命拼圖裡的最後一塊碎片。社會為女人定位了一個生命的終極制高點：成為孩子的母親。

當然，父母親對孩子的愛無庸置疑，我並不是懷疑父母對孩子的愛有任何虛假，然而個體緊密關係是一回事，整體社會論述所建構出來的框架又是另一回事，例如說，父親也可能非常疼愛自己的孩子，但我們鮮少聽說「孩子是父親生命中最重要的一塊拼圖」或「養孩子是父親的天職」這樣的論調。

當孩子被社會歸類為母親的責任時，社會對母親的體恤便會減少，失落的母親、憤怒的母親、無助的母親被隱藏於後，快樂的母親、事業家庭兼顧的母親、含辛茹苦的母親、維持漂亮優雅的母親被大聲歌頌。母親必須無私、展現偉大、永遠把兒女放在第一位、犧牲自己成全兒女的教育也是應該的……諸如此類的價值觀宛如鉸鏈，捆鎖住每一個母親，讓這群母親即使痛苦，也要面露幸福地站在雲朵上。

那是妳的天職、妳的責任，「當妳開始當媽媽，妳就自然會當媽媽了！」我們的社會一直是這麼想的。

前國際以色列研究協會主席，也是以色列女性及性別運動者奧爾納・多納絲針對這樣的現象曾精闢地說：「我們的社會非常積極地將每一位身心健康的女性推向母親身分；卻也坐視這些女性落入母親特有的孤寂無力之中，而原先態度十分積極的社會大眾，則不會為此承擔責任。」[14]

我們總是看到單身族或是已婚頂客族輕鬆地說自己不想生孩子的理念，也常聽到已婚已生產且對生活感到無比滿足的母親分享親子生活，然而已婚已生產但卻後悔成為母親的女性，卻喪失了對外的聲音。奧爾納因此在以色列展開了研究，在這個女人平均生育三個孩子的保守猶太社會裡，女人心裡真實的聲音到底是什麼？

14. 奧爾納・多納絲（Orna Donath），《後悔當媽媽》，光現出版。

生育無法回頭，是最該珍視的自主權

奧爾納訪談了二十三位後悔當母親的女性，她發現因為成為母親這件事被認定得如此崇高、不可質疑，以至於許多後悔成為母親的女人連抱怨、說真話的勇氣都沒有。

在奧爾納的個案中，有一位名叫德布拉的女士，育有兩個介於十到十五歲的孩子，德布拉是個不快樂的媽媽，身旁的人一直懷疑她有憂鬱症，因為她跟還沒生孩子的時候差太多了，從前她是個開朗的女人，迷人又充滿吸引力，「我不是憂鬱症，我只是真的不愛孩子。」德布拉說她並不是情感上不愛自己的孩子，而是覺得自己的人生徹底被犧牲了，「我有嘗試跟我的孩子們討論我的想法，當然我無法直接告訴他們『我後悔生了他們』，我會說：『儘管我不愛身為媽媽的角色，但我生了你們，我愛你們，有沒有孩子的人生區別非常大，你們以後必須選擇自己要不要生。』」

為母親權利奮鬥的美國社會運動者茱迪絲・史塔曼塔克認為，大眾普遍將母親區分為「角色」（Role）和「親屬關係」（relationship），若只強調母親是一種「角色」，那麼便會太過強調母親的「功能性」，眾人吹捧的「完美母親」不過變成如同「理想員工」一樣的概念。最糟糕的是，女性會竭盡所能逼迫自己符合各種功能需求，倘若一旦無法符合功能預期，排山而來的責難或自責便無法避免。我們應當將母親視為一種「關係的稱呼」，只是定位了兩個個體之間的連結關係，個體與個體之間不需要預設任何超過情感關係的責任義務。

簡單說，我養育孩子、希望他好、認真教育他，是因為我愛他，而不是因為小孩養不好、教不好是媽媽的責任，更不是因為孩子不夠優秀會讓大家指責媽媽、家人蒙羞。

別用投資的概念養育孩子

「養兒防老」是華人社會普遍的概念，養孩子像是一種投資，你把自己口袋的資源給了孩子，期待日後孩子長大了之後再奉養父母，儘管近年來社會環境劇變，已經不再有這麼多的人期待兒女能賺錢養自己，孩子別當啃老族就好，但仍然有很多父母會對孩子不給生活費或零用錢感到無比失望。

我有個女生朋友小雪就遇到這種難題，小雪的父親在她八歲那年就過世了，當年她的媽媽二十八歲，靠父親遺留下來的一些遺產過活，從來沒有找過正職工作，小雪大學畢業後開始把一部分收入交給母親當生活費，給了十三年，直到她嫁給一個外國老公，必須遠赴國外定居。由於在國外很難找到工作，丈夫的收入也只夠小兩口過日子，小雪便跟母親說自己可能無法再提供生活費了。小雪的母親一聽簡直氣炸，想百般阻撓這段旁人覺得美滿的婚事，小雪與母親鬧得不可開交，最後狠下心執意出嫁，母親才轉而找了一份兼職工作學著養活自己。

當養育孩子是以一種「投資」的概念出發，就無可避免地會有「值不值得」的念頭出現，例如：我現在這麼辛苦拉拔他，他日後到底會不會孝敬我（拿錢回來給我）？我現在花錢讓他學這個學那個，他到底能不能夠學好，讓我的錢花得值得？甚至當孩子頂嘴的時候，你不會為他長成獨立人格或自主意識喝采，而會想著：「這臭小子吃我的、用我的，居然還向我頂嘴，真是白養了！」

親愛的，關於生兒育女請讓我們回到最簡單的初衷，也就是回到「愛」本身。生孩子、養孩子是因為你愛他、你渴望擁有他、你的生命熱烈期待一個新成員加入，而不是因為懼怕社會輿論怪你單身不婚不生、恐懼年老沒人養的經濟需求、想要以孩子約束老公不變心而成為一個媽媽。**凡以恐懼為起點者，都將以失望無助收場**。

成為一個母親是一件極其重大的事，不像結婚可以離婚、求職可以離職那般具有可回頭的路，在決定成為一個母親之前，請務必多了解媽媽們的心聲，無論是快樂的媽媽、幸福的媽媽、無助的媽媽、失落的媽媽、後悔的媽媽，這個社會必須包容各種媽媽們的聲音，就算是後悔之聲，也是一種反映生命真實面貌的聲音，我們不應該對內心真實的想法感到愧疚，無助的困境必須被揭露，才有喚起社會正視的可能。

女人生養孩子不是天職，而是因為愛，是因為真心想要經歷這段為人父母的歷程，想要看著孩子一步步地成長，樂意去犧牲、去做、去忍受的自主展現。同樣地，父親也該是如此。

單身生活，
不是學會堅強
就好——

＊當妳打算懷孕、當個母親之前該有的心理準備＊

1.我是真心想要成為一個母親，且充分了解當母親的快樂與哀愁。

2.我有足夠的經濟條件讓孩子擁有不虞匱乏的資源。

3.我的另一半跟我一樣都真心期待孩子來到，而不是我一廂情願。

4.我想要生孩子的心意，並不是出自任何恐懼或策略（不是為了綁住老公或男友的心、不是為了長輩的催逼、不是因為缺錢但聽說生小孩可以帶財……）。

5.我了解孩子可能不會如我的預期，包括長相、健康、成就、才智，但我依然會愛他。

6.我知道生完孩子母體的身體狀態、生活作息與丈夫之間的關係很可能產生改變需要重新適應和調整，但我依然勇於接受並為未來的生活努力。

7.我明白養育孩子需要花極多時間照料家庭，可能影響工作作息甚至升遷，但依然覺得值得。

8.作為母親絕對有許多不為人知的無助時刻，我了解這種狀態，且願意以最大的努力尋求支援和協助。

國家圖書館出版品預行編目資料

單身生活，不是學會堅強就好 / 御姊愛著.--初版.--臺北市：平安文化. 2017.11
面；公分（平安叢書；第0574種）（Upward；77）

ISBN 978-986-95625-0-8（平裝）

1.女性 2.兩性關係 3.生活指導

544.5　　106018415

平安叢書第0574種
Upward 77

單身生活，不是學會堅強就好

作　　者—御姊愛
發 行 人—平雲
出版發行—平安文化有限公司
台北市敦化北路120巷50號
電話◎02-27168888
郵撥帳號◎18420815號
皇冠出版社(香港)有限公司
香港上環文咸東街50號寶恒商業中心
23樓2301-3室
電話◎2529-1778　傳真◎2527-0904
總 編 輯—龔橞甄
責任編輯—張懿祥
美術設計—嚴昱琳
著作完成日期—2017年 8 月
初版一刷日期—2017年11月

讀者服務傳真專線◎02-27150507
電腦編號◎425077
ISBN◎978-986-95625-0-8
Printed in Taiwan
本書定價◎新台幣280元/港幣93元